하이브 핵심정리

하이브 핵심정리

하둡 기반 대용량 데이터 저장,
관리의 핵심 솔루션

다융 두 지음 | 김용환 옮김

[PACKT]
PUBLISHING

i!i
에이콘

지은이 소개

다융 두^{Dayong Du}

빅데이터를 실제로 다루고, 개발자 조직을 이끌고 있으며, 기술 컨설팅, 설계, 엔터프라이즈 빅데이터 솔루션 구현에 전문 지식을 갖춘 개발자다. 엔터프라이즈 데이터 웨어하우스, 비즈니스 인텔리전스, 빅데이터와 분석 분야에 10년 이상의 경력을 쌓았으며, 데이터 인텔리전스 경험을 방송 미디어, 여행사, 통신사 등 다양한 산업에 제공하고 있다. 현재 캐나다의 토론토에 위치한 퀵플레이미디어^{QuickPlay Media} 사에서 근무하고 있으며, 온라인 미디어 서비스와 콘텐츠 제작자를 위한 엔터프라이즈 빅데이터 인텔리전스 리포팅 시스템을 개발하고 있다. 댈하우지 대학교^{Dalhousie University}에서 컴퓨터과학 석사 학위를 받았고, '클라우데라 인증 아파치 하둡 개발자 인증서^{Cloudera Certified Developer for Apache Hadoop certification}'를 가지고 있다.

이 책을 쓰는 동안 희생하고 헌신한 내 아내 조이스와 딸 일레인에게 정말 감사하고, 늘 지지해주시는 부모님께도 감사의 마음을 전한다. 이 책에 대해 아낌 없는 도움과 지원은 물론 피드백을 주신 기술 감수자와 팩트출판사의 모든 분께 감사한다.

기술 감수자 소개

푸니사 ^{Puneetha B. M.}

소프트웨어 개발자이자 데이터광이며, 현재 기술 블로그를 운영하고 있다. 빅데이터, 클라우드 컴퓨팅, 머신 러닝, NoSQL 데이터베이스에 관심이 많으며 2년 넘게 전문 소프트웨어 엔지니어로 일해오고 있다. P.E.S 공과대학에서 컴퓨터 애플리케이션 석사 학위를 받았다. 프로그래밍 외에도 그림 그리는 것과 음악 감상을 좋아한다. 블로그(http://blog.puneethabm.in/)와 링크드인 프로필(https://www.linkedin.com/in/puneethabm)에서 그녀에 대해 좀 더 알 수 있다.

내 인생의 롤모델이자 뜨거운 열정을 가진 램 루스타기 교수님께 큰 빚을 지고 있다. 내가 하는 모든 것을 지지해주는 오빠, 나시스 B. M.에게 감사를 전한다. 또한 이 책에 공헌하도록 기회를 준 팩트출판사와 직원 여러분께 감사한다.

햄제 카제이 ^{Hamzeh Khazaei}

박사 학위 취득 후 IBM 캐나다 연구 개발 센터에서 연구 과학자로 근무하고 있다. 이란의 테헤란에 있는 아미르카비르 기술대학^{Amirkabir University of Technology}에서 컴퓨터과학 학사와 석사 학위를 받았고(2000~2008), 캐나다의 매니토바 위니펙에 있는 매니토바 대학에서 컴퓨터과학 박사 학위를 받았다(2009-2012). 현재 라이어슨 대학교^{Ryerson University}의 컴퓨터과학 분야 시간 강사(http://scs.ryerson.ca/~hkhazaei)로 재직하고 있으며, 대학교 4학년생을 대상으로 소프트웨어 공학을 강의하고 있다. 빅데이터 분석, 클라우드 컴퓨팅 구조, 서비스 분석론, 컴퓨팅 시스템의 모델링까지 연구 분야로 삼고 있다.

언제나 나를 지지해주는 사랑하는 아내에게 깊은 감사의 마음을 전한다.

니틴 프라딥 쿠마르^{Nitin Pradeep Kumar}

클라우드, 모바일 같은 새로운 기술에 많은 관심을 갖고 있고, 경험도 많은 열정적인 개발자다. 현재 앱셀러레이터^{Appcelerator}에서 클라우드 품질 엔지니어로 일하고 있다. 앱셀러레이터는 모바일과 클라우드 개발을 할 수 있도록 MBaaS 플랫폼을 제공하는 실리콘 밸리의 스타트업 기업이다. 앱셀러레이터에 재직하기 전에는 싱가포르 국립대학교에서 최첨단 인공 지능 및 데이터 마이닝 기술을 사용해 지능형 시스템을 개발하는 지식공학 석사 학위를 받았다. 스타트업 환경을 즐기며, 하둡, 하이브, 데이터 웨어하우징 등의 기술을 다룬다. 현재 싱가폴에 거주하며, 모바일에서 복고풍 PC 게임을 하거나, 무에타이를 배우는 것을 좋아한다.

나의 가족, 친구, 훌륭한 형 니비온에게 마음 깊이 감사한다.

밸러스웨미 배드맨^{Balaswamy Vaddeman}

2013년 인도 하이데라바드에서 열린 하둡 해카톤 승자다. http://www.stackoverflow.com에서 하이브 태그로 가장 많은 글을 쓰는 사람 중 한 명으로 3년 간의 빅데이터 경험이 있으며, 빅데이터/하둡 강사로 잘 알려져 있다. 지금까지 6개의 빅데이터 프로젝트를 진행했다. 또한 8년의 IT경력과 5년의 RDMBS 경력이 있는 자바, J2EE 전문가며 셸 스크립트를 이용해 유닉스 기반의 시스템을 자동화할 수 있다. 또한 팀을 만들어 빅데이터 프로젝트에 정보를 제공해본 경험이 있고, 하둡/빅데이터 포럼에 적극적으로 참여하고 있다.

이 책을 끝낼 수 있게 지지해준 아내 라다와 아들 판두, 딸 버블리에게 사랑과 감사를 전한다.

옮긴이 소개

김용환(knight76@gmail.com)
네이버, 라인^{Line}을 거쳐 카카오^{Kakao}에서 개발자로 일하고 있다. 현재 마흔두 살의 평범한 개발자로 다양한 도전에서 에너지를 얻으며, 개발과 실무 경험을 블로그 (http://knight76.tistory.com)에 기록하고 있다. 에이콘출판사의 『Ansible 설정 관리』(2015), 『ElasticSearch Cookbook 2/e』(2016), 『Redis 핵심정리』(2016), 『일래스틱서치 입문과 활용』(2016), 『CentOS 7 리눅스 서버 쿡북』(2016) 등을 번역했다.

옮긴이의 말

하이브는 하둡을 기반으로 하는 데이터 웨어하우스 패키지입니다. 하이브는 하둡 HDFS의 대용량 데이터를 데이터베이스의 표준 SQL처럼 다룰 수 있기 때문에 SQL을 안다면 하둡도 쉽게 다룰 수 있습니다. 하지만, 하이브 언어인 HQL^Hive Query Langage은 SQL과 완벽하게 동일하지는 않습니다. 따라서 이 책에는 하이브 언어를 사용할 때 알아야 하는 하둡 내부 구조와 주의할 내용이 담겨 있습니다.

저는 카카오에서 대용량 서비스의 분석 업무를 진행할 때, 하둡 스트리밍^hadoop streaming과 하이브를 사용합니다. 간혹 '하이브가 없었더라면' 하는 생각이 들 때면 아찔해지곤 합니다. 그만큼 하이브는 생산성을 높여주는 좋은 툴입니다. 최근에는 대용량을 다루는 작업을 병렬로 실행할 수 있는 스파크^Spark라는 최신 툴이 사용되고 있습니다만, 스파크에서도 하이브를 연동하여 사용할 수 있는 환경 (https://cwiki.apache.org/confluence/display/Hive/Hive+on+Spark)이 있기 때문에 하이브는 더욱 빛이 나고 있습니다.

이 책을 번역하면서 하이브에 대해 더 많이 배울 수 있었습니다. 이 책은 하이브 HQL의 중요한 부분을 설명하며, 하이브를 잘 확장하는 방법을 설명합니다. 하이브를 처음 접하는 독자나, 하이브의 전체적인 기능을 살펴보려는 독자가 참고할 만한 좋은 책이라 생각합니다.

언제나 힘이 되어주는 아내 지현과 딸 조안이에게 감사의 마음을 전합니다. 사랑합니다.

차례

1장   빅데이터와 하이브 소개   21

2장   하이브 환경 설정   33

3장   데이터 정의와 설명   47

들어가며

빅데이터 분석에서 하이브에 대한 관심이 늘고 있는 것은 하둡 위에서 동작하는 하이브가 빅데이터의 저장, 계산, 분석에 관한 최신 데이터 솔루션이기 때문이다. SQL 같은 문법은 하이브를 쉽게 배울 수 있게 하고, 빅데이터 기반에 상호작용하는 SQL 질의에 대한 표준으로도 자주 채택되고 있다. 하이브에서 사용할 수 있는 다양한 기능을 통해 고급 코딩 기술 없이도 복잡한 빅데이터 분석이 가능하다. 하이브의 높은 성숙도는 하둡을 넘어 점차 다른 컴퓨팅 프레임워크 간의 의미있는 아키텍처와 기능을 통합하고, 공유할 수 있게 할 것이다.

이 책은 1~2장에서 하이브 작업 환경을 설정하는 방법과 하이브에 익숙해지는 과정을 진행하며, 빅데이터 도메인의 배경과 개념을 소개한다. 다음 네 개의 장에서는 하이브 쿼리 언어의 예제를 소개하고, 하이브를 이용해 빅데이터의 값을 찾는 방법과 변환하는 방법을 소개한다. 마지막 네 개의 장에서는 성능, 보안처럼 잘 선택된 고급 주제와 함께 하이브의 확장을 설명한다.

이 책의 구성

1장, 빅데이터와 하이브 소개　빅데이터의 진화, 하둡 생태계, 하이브를 소개한다. 하이브 아키텍처와 빅데이터 분석에서 하이브를 사용하는 장점도 살펴본다.

2장, 하이브 환경 설정　하이브 환경 설정과 구성을 설명한다. 하이브를 사용한 커맨드 라인과 개발 툴도 다룬다.

3장, 데이터 정의와 설명　하이브의 테이블, 파티션, 버킷, 뷰에 대한 기본 데이터 타입과 데이터 정의 언어를 소개한다.

4장, 데이터 선택과 범위　하이브에 데이터의 쿼리, 연결, 범위를 요청함으로써 데이터를 찾는 방법을 보여준다.

5장, 데이터 조작 하이브의 데이터를 변경, 이동, 정렬, 변환하는 과정을 설명한다.

6장, 데이터 집계와 샘플링 분석 함수, 윈도우 기능, 샘플 절을 사용해 집계하는 방법과 샘플링하는 방법을 설명한다.

7장, 성능 고려 사항 설계, 파일 포맷, 압축, 저장소, 쿼리, 작업 관점에서 성능 고려사항에 대한 모범 사례를 소개한다.

8장, 확장성 고려 사항 사용자 정의 함수, 스트리밍, 직렬화, 역직렬화를 생성해서 하이브의 확장 방법을 다룬다.

9장, 보안 고려 사항 인증, 권한, 암호화 관점으로 하이브의 보안 영역을 소개한다.

10장, 다른 툴과의 연동 기타 빅데이터 툴과 어떻게 연동할 수 있는지를 다룬다. 하이브 배포 버전의 주요 이정표를 살펴본다.

준비 사항

이 책의 예제를 실행하려면 하둡과 하이브를 모두 설치해야 한다. 책의 모든 스크립트는 CDH^{Cloudera Distributed Hadoop} v5.3(하이브 0.13.x 버전과 하둡 2.5.0 버전 포함), HDP^{Hortonworks Data Platform} v2.2(하이브 0.14.0 버전과 하둡 2.6.0 버전 포함), 아파치 하이브 1.0.0 버전(하둡 1.2.1 버전)의 의사 분산 모드^{pseudo-distributed mode}에서 사용할 수 있고, 테스트했다. 하지만, 스크립트의 대부분은 이전 하둡과 하이브 버전에서도 잘 동작할 것이다. 다음은 이 책에서 언급한 하이브 관련 툴에 대해 더 이해할 필요가 있는 소프트웨어 애플리케이션이다. 하이브 관련 툴은 CDH 또는 HDP 패키지에서도 사용할 수 있다.

- Hue 2.2.0 버전 이상
- HBase 0.98.4 버전
- 우지^{Oozie} 4.0.0 버전 이상
- 주키퍼^{Zookeeper} 3.4.5
- 테즈^{Tez} 0.6.0

대상 독자

이 책은 하둡의 데이터를 확인하고 분석하는 데 하이브를 사용하려는 데이터 분석가, 개발자, 사용자를 대상으로 한다. 빅데이터에 대해 초보자든 전문가든, 이 책을 접한 독자는 하이브의 기본 기능과 고급 기능을 잘 다룰 수 있게 될 것이다. 하이브는 SQL과 같은 언어이기 때문에, SQL 언어와 데이터베이스에 대한 경험이 있다면 훨씬 이해가 쉽고, 유용하게 적용할 수 있다.

이 책의 편집 규약

이 책에는 독자의 이해를 돕고자 다루는 정보에 따라 다음과 같이 글꼴 스타일을 다르게 적용했다. 다음은 다르게 적용된 스타일의 예제와 의미 설명이다.

문장 속에서 코드, 데이터베이스 테이블 이름, 사용자 입력, 트위터 핸들[1]은 다음과 같이 사용한다.

"집계 함수는 동일 select 문에서 다른 집계 함수와 함께 사용될 수 있다."

코드 블록은 다음과 같이 표기한다.

```
<property>
    <name>javax.jdo.option.ConnectionURL</name>
    <value>jdbc:mysql://myhost:3306/hive?createDatabase IfNotExist=true</value>
    <description>JDBC connect string for a JDBC metastore</description>
</property>
```

코드 블록에서 중요한 부분은 굵은 서체로 표기한다.

customAuthenticator.java
```
package com.packtpub.hive.essentials.hiveudf;

import java.util.Hashtable;
```

---

1 트위터 이용자 이름 – 옮긴이

```
import javax.security.sasl.AuthenticationException;
import org.apache.hive.service.auth.PasswdAuthenticationProvider;
```

커맨드 라인의 입력 또는 출력은 다음과 같이 표기한다.

```
bash-4.1$ hdfs dfs -mkdir /tmp
```

화면상에 출력된 메뉴나 대화상자 문구를 문장 중에 사용할 경우에는 다음과 같이 고딕체로 표기한다.

"OK 버튼을 클릭하고, 오라클 SQL 디벨롭퍼를 다시 시작한다."

 주의해야 하거나 중요한 내용은 이 박스로 표기한다.

 참고사항이나 요령은 이 박스로 표기한다.

독자 의견

이 책에 대한 독자의 의견은 언제나 환영이다. 좋은 점 또는 고쳐야 할 점에 대한 솔직한 의견은 앞으로 더 좋은 책을 발행하는 데 큰 도움이 된다. 독자 의견을 보낼 때는 이메일 제목란에 구입한 책 제목을 적은 후, feedback@packtpub.com으로 전송한다. 만약 독자가 특정 분야의 전문가로서 저자가 되고 싶다면 http://www.packtpub.com/authors를 참조한다.

고객 지원

이 책을 구입한 독자라면 다음과 같은 지원을 받을 수 있다.

예제 코드 다운로드

http://www.packtpub.com에 회원 가입하여 도서를 구매한 독자는 이 책에 관한 예제 코드 파일을 이 웹페이지에서 직접 다운로드할 수 있다. 팩트출판사의 웹사이트 이외에 곳에서 도서를 구매한 독자는 http://www.packtpub.com/support를 방문해 등록하면 이메일로 예제 파일을 받아볼 수 있다. 깃허브의 https://github.com/willddy/HiveEssentials에서 예제 코드를 다운로드한다. 에이콘출판사의 도서정보 페이지 http://www.acornpub.co.kr/book/apache-hive-essentials에서도 내려받을 수 있다.

오탈자

내용을 정확히 전달하기 위해 최선을 다했지만, 실수가 있을 수 있다. 책에서 코드나 텍스트상의 문제를 발견해서 알려준다면 매우 감사하게 생각할 것이다. 독자의 참여를 통해 다른 독자에게 도움을 주고, 다음 버전에서 책을 더 완성도 있게 만들 수 있다. 오탈자를 발견하면 http://www.packtpub.com/submit-errata에서 Errata Submission Form 링크를 통해 구체적인 내용을 알려주기 바란다. 내용이 확인되면 웹사이트에 그 내용이 올라가거나, 해당 서적의 정오표 섹션에 그 내용이 추가될 것이다. http://www.packtpub.com/support에서 해당 타이틀을 선택하면 현재까지의 정오표를 확인할 수 있다. 한국어판은 에이콘출판사의 도서정보 페이지 http://www.acornpub.co.kr/book/apache-hive-essentials에서 찾아볼 수 있다.

저작권 침해

인터넷에서의 저작권 침해는 모든 매체에서 벌어지고 있는 심각한 문제다. 팩트출판사 역시 저작권과 사용권 문제를 아주 심각하게 인식하고 있다. 어떤 형태로든 팩트출판사 서적의 불법 복제물을 인터넷에서 발견한다면 적절한 조치를 취할 수 있도록 해당 주소나 사이트명을 알려주기를 부탁한다.

의심되는 불법 복제물의 링크를 copyright@packtpub.com으로 보내주기 바란다. 더 좋은 책을 만들기 위한 팩트출판사와 저자들의 노력을 배려하는 마음에 깊은 감사의 뜻을 전한다.

질문

이 책에 관련된 질문이 있다면 questions@packtpub.com으로 문의하기 바란다. 최선을 다해 답하겠다. 한국어판에 관한 질문은 이 책의 옮긴이나 에이콘출판사 편집 팀(editor@acornpub.co.kr)으로 문의해주길 바란다.

빅데이터와 하이브 소개

1장에서는 하둡Hadoop 생태계에서 빅데이터와 하이브Hive의 개요를 설명한다. 빅데이터의 진화를 간단히 소개함으로써, 독자들이 빅데이터의 여행 중 어디에 있는지 알고, 앞으로 좋아할 수 있는 공부 영역을 찾을 수 있도록 돕는다. 또한 하이브가 어떻게 빅데이터 웨어하우징 분야를 선도하는 툴 중 하나가 되었는지, 왜 여전히 하이브가 경쟁력이 있는지를 다룬다.

1장에서는 다음 주제를 다룬다.

- 데이터베이스와 데이터 웨어하우스에서 빅데이터로의 짧은 역사
- 빅데이터 소개
- 관계형 데이터베이스와 NoSQL 데이터베이스와 하둡
- 배치, 실시간, 스트림 처리
- 하둡 생태계 개요
- 하이브 개요

짧은 역사

사업에서 컴퓨터를 사용하는 비용이 가장 효율적이었던 1960년대에, 사람들은 데이터를 관리하기 위해 데이터베이스를 쓰기 시작했다. 계속해서 1970년대에는 관계형 데이터베이스가 물리적인 데이터를 논리적인 비지니스를 쉽고 가깝게 연결할 수 있었기 때문에, 관계형 데이터베이스가 비즈니스 요구사항을 해결할 수 있는 인기 있는 해결책이었다. 다음 1980년대에는 구조적 질의 언어^{SQL, Structured Query Language}가 데이터베이스의 표준 질의 언어가 됐다. SQL이 효과적이고 간단해서 많은 사람이 데이터베이스를 쓰기 시작했고, 넓은 범위의 사용자와 개발자에게 친숙해졌다. 그리고 데이터 애플리케이션과 관리를 위해 데이터베이스를 사용했고, 오랜 시간 동안 계속해서 SQL을 사용해 왔다.

많은 데이터가 수집되자, 사람들은 오래된 데이터를 어떻게 처리할지 생각하기 시작했다. 그 결과 데이터 웨어하우징이라는 단어가 1990년대에 나타났다. 그 때부터, 사람들은 과거 데이터를 살펴보고, 현재의 실적을 평가하는 방법을 토론하기 시작했다. 과거 데이터를 효율적으로 관리하고, 변형하고, 분석하기 위해 다양한 데이터 모델과 툴이 개발됐다. 또한, 일반 관계형 데이터베이스는 데이터 웨어하우징의 최적화뿐 아니라 더욱 진보된 집계와 분석 함수를 제공하면서 진화해왔다. 선도하는 질의 언어는 여전히 SQL이지만, 이전 버전과 비교하면 현재의 SQL은 더 직관적이고 강력해졌다. 데이터는 여전히 잘 구조화되었고 모델은 정규화됐다. 2000년대 들어서, 인터넷은 점차 다양성과 규모 관점으로 대부분의 데이터를 생성하는 최고의 산업이 됐다. 소셜 미디어 분석, 웹 마이닝, 데이터 시각화 같은 새로운 기술은 시장뿐 아니라 고객, 제품, 경쟁자를 더 잘 이해할 수 있도록 대량 데이터를 처리해야 하는 많은 비즈니스와 회사를 도왔다. 이전보다 데이터 규모는 커졌고 데이터 포맷은 빠르게 변했다. 그래서 사람들은 새로운 솔루션을 찾으려 했고, 특별히 학계와 오픈 소스에서 새로운 것을 찾고자 했다. 그 결과 빅데이터는 큰 화두가 되었고, 많은 연구원과 회사에서 도전하는 영역이 됐다.

하지만, 모든 도전에는 큰 기회가 있다. 하둡은 오픈 소스 라이선스와 활발한 커뮤니티로 인해 큰 주목을 받은 오픈 소스 프로젝트 중 하나다. 또한, 하둡은 모든 상용 소프트웨어 제품에 맞서 오픈 소스 프로젝트가 기술적인 변화를 이끈 사례 중 하나다. 곧바로 NoSQL 데이터베이스와 실시간과 스트림 컴퓨팅^{stream computing}이 뒤따르며 빠르게 데이터 생태계의 중요한 요소가 됐다. 해당 빅데이터 기술을 사용해 회사는 과거를 분석하고, 현재를 평가하고, 미래까지 예상할 수 있게 됐다. 2010년대에는 신제품을 출시하는 시간^{time to market}이 비즈니스를 경쟁력 있게 하고, 성공하게 하는 중요 요인이 됐다. 빅데이터를 분석할 때, 사람들은 보고서나 결과를 기다리지 못할 수 있다. 중요한 비즈니스를 결정할 때는 약간의 지연이 큰 차이를 만들 수 있기 때문에, 일부 의사 결정권자는 몇 시간, 몇 분 또는 몇 초 안에 리포트나 결과를 보기 원했다. 임팔라^{Impala}(http://www.cloudera.com/content/cloudera/en/products-and-services/cdh/impala.html), 프레스토^{presto}(http://prestodb.io/), 스톰^{Storm}(https://storm.apache.org/) 등 실시간 분석 툴을 이용해 빠른 시간 내에 리포트나 결과를 여러 방법으로 볼 수 있다.

빅데이터의 소개

빅데이터는 단순히 데이터가 크다는 것은 의미하는 게 아니다. 여기서 '빅^{big}'은 데이터의 광범위함을 나타낸다. 알파벳 V로 시작하는 세 개의 단어로 빅데이터를 설명하는 것은 이 분야에서 잘 알려진 방법이다. 세 단어는 규모^{volume}, 속도^{velocity}, 다양성^{variety}을 의미한다. 그러나 분석이나 데이터 과학 계통에서는 빅데이터의 세 V에 기초한 정확성^{veracity}, 가변성^{variability}, 휘발성^{volatility}, 시각화^{visualization}, 가치^{value} 같은 요소가 추가돼 또 다른 차원으로 데이터가 변하는 것을 볼 수 있다. 지금까지 언급한 여러 가지 V는 다음과 같이 설명할 수 있다.

- 규모^{Volume}: 규모는 초 단위로 생성되는 데이터의 양을 말한다. 현재 세계 데이터의 90퍼센트는 지난 2년 동안 생성된 것이다. 세계의 데이터는 2년마다 두 배의 규모로 성장한다. 큰 규모의 데이터는 구조화된 데이터, 반구조화된

데이터, 구조화되지 않은 데이터를 포함해 컴퓨터, 네트워크, 소셜 미디어, 센서가 주로 생성한다.

- 속도Velocity: 속도는 데이터의 생성, 저장, 분석, 이동 속도를 의미한다. 인터넷에 연결된 디바이스, 무선 또는 유선, 컴퓨터와 센서의 가용성은 데이터를 생성하자마자 해당 데이터를 즉시 전달할 수 있게 한다. 속도는 실시간 스트리밍을 이끌고 비즈니스를 가치 있게 하고, 빠른 의사 결정을 하도록 돕는다.

- 다양성Variety: 다양성은 다양한 데이터 포맷의 파일을 의미한다. 파일시스템, 스프레드시트, 데이터베이스 같은 원본 데이터를 text, dat, csv 등의 파일로 저장한다. 레코드 또는 파일의 고정 필드에 있는 데이터의 타입을 구조화된 데이터라고 부른다. 반구조화된 또는 구조화되지 않은 데이터의 포맷은 이메일, 사진, 오디오, 비디오, PDF 파일, SMS, 심지어 생각지도 못한 여러 방법으로 다양하게 생성될 수 있다. 이렇게 다양한 데이터 포맷은 데이터를 저장하고 분석하는 데 문제가 된다. 이는 빅데이터 분야에서 극복해야 할 주요 도전 중 하나다.

- 정확성Veracity: 정확성은 데이터의 신뢰성, 치우침, 잡음, 비정상과 같은 데이터의 질을 의미한다. 오류 데이터는 자주 생성된다. 오염된 데이터는 오타, 잃어버리거나 흔치 않은 축약, 데이터 재처리, 시스템 실패 등과 같은 많은 이유로 발생한다. 악의가 있는 데이터를 무시하면 정확하지 않은 데이터 분석이 될 수 있고, 결국 잘못된 의사 결정으로 진행될 수 있다. 그러므로 데이터 검토 및 교정 측면에서 데이터가 올바른지 확인하는 것은 빅데이터 분석을 위해 매우 중요하다.

- 가변성Variability: 가변성은 데이터의 변경을 말한다. 가변성은 동일한 데이터가 다른 문맥에서는 또 다른 의미를 가질 수 있음을 의미한다. 특히 감정을 분석할 때 매우 중요하다. 분석 알고리즘은 문맥을 이해하고 문맥에서 데이터의 가치와 정확한 의미를 찾아낸다.

- 휘발성Volatility: 휘발성은 어느 정도의 기간 동안 데이터가 유효한지, 데이터를 얼마나 오래 저장하는지 가늠할 수 있는지 나타내는 것을 의미한다. 휘발성

은 특히 실시간 분석에서 중요하다. 분석가가 특정 문제에 집중할 수 있게 하고, 분석 중 좋은 성능을 얻도록 데이터의 대상 범위가 결정되어야 한다.

- 시각화^{Visualization}: 시각화는 만들어진 데이터를 잘 이해할 수 있는 방법을 의미한다. 시각화는 평범한 그래프나 파이 차트를 의미하지 않으며, 여러 차원의 많은 데이터를 쉽게 이해하도록 돕는다. 가상화는 데이터의 변경을 보여줄 수 있는 혁신적인 방법이다. 가상화를 의미 있게 하려면, 빅데이터 분석가와 비즈니스 도메인 전문가 사이의 많은 상호작용, 대화, 협력이 필요하다.
- 가치^{Value}: 가치는 빅데이터 분석으로 얻는 지식을 의미한다. 빅데이터의 가치는 기업을 빅데이터 중심의 회사로 변경하고, 의사 결정 시 빅데이터 분석으로부터 얻은 통찰력을 사용하는 것이다.

요약하면, 빅데이터는 많은 데이터의 내용이 아니라, 기존 데이터에서 새로운 통찰력을 발견하고 미래 데이터에 대한 분석을 안내하는 방법을 제시한다. 빅데이터가 주도하는 비즈니스는 더욱 기민하고, 도전을 극복하고 경쟁자를 이길만한 경쟁력을 갖추게 될 것이다.

관계형 데이터베이스와 NoSQL과 하둡

여행을 가기 위한 수단을 여러 데이터 해결 방식과 비교해보자. 해결 방식 사이에 유사성이 있다는 사실에 놀랄 것이다. 사람들이 여행을 할 때, 여행 거리와 비용을 감안해 자동차를 타거나 비행기를 탑승한다. 예를 들어, 밴쿠버에서 토론토로 여행할 때, 여행 시간 대비 비용 관점으로 가장 먼저 비행기를 선택한다. 토론토에서 나이아가라 폭포로 여행을 계획한다면, 자동차는 항상 좋은 선택이다. 토론토에서 몬트리올로 여행할 경우, 비행기보다 자동차를 더 선호하는 사람도 있다. 여행 거리와 비용은 빅데이터의 크기와 투자와 같은 개념이다. 전통적인 관계형 데이터베이스는 위 예제의 자동차와 같다. 하둡 같은 빅데이터 툴은 이 예제의 비행기와 같다. 적은 양의 데이터를 처리할 경우(짧은 거리), 관계형 데이터베이스(자동차처럼)는 적은 데이터 또는 적당한 크기를 다루는 데 훨씬 신속하고 민첩하기 때문에 최고의 선택이라고 할 수 있다. 많은 데이터를 처리할 때(긴 거리), 하둡(비행기처럼)은 더 선형이고, 빠르고, 커다란 데이터를 다룰 수 있는 안정성 때문에 최고의 선택이다. 반대로 토론토에서 밴쿠버를 차로 이동할 수는 있지만, 시간이 너무 오래 소요된다. 토론토에서 비행기를 타고 나이아가라 폭포로 갈 수는 있지만, 자동차로 여행하는 것보다 시간과 비용이 더 걸릴 수 있다. 게다가, 배나 기차를 선택할 수도 있다. 배나 기차는 NoSQL 데이터베이스로서, 빅데이터의 좋은 성능과 다양한 데이터 포맷을 지원하는 관점에서 관계형 데이터베이스와 하둡의 장점을 제공한다.

배치, 실시간, 스트림 처리

배치batch는 배치 단위로 데이터를 처리하는 데 사용하고, 입력으로 데이터를 받아 처리한 후, 결과를 출력한다. 아파치 하둡은 배치 처리에서 아주 유명하고, 인기 있는 오픈 소스 구현이며, 맵리듀스MapReduce 패러다임을 사용한 분산 시스템이다. 데이터는 샤드와 HDFSHadoop Distributed File System이라는 분산 파일시스템에 저장된다. HDFS는 맵리듀스 처리를 위해 논리적인 데이터 조각인 스플릿split으로 나눈다. 맵리듀스 패러다임을 이용해 스플릿을 처리하기 위해, 맵 태스크map task는 스플릿을 읽고 키/값으로 이루어진 모든 값을 맵 함수map function에 넘겨 중간 파일에 결과를 저장한다. 맵 단계가 완료된 후, 리듀서reducer는 중간 파일을 읽고 리듀스 함수reduce function에 전달한다. 마지막으로, 리듀스 태스크reduce task는 결과를 최종 결과 파일에 저장한다. 맵리듀스 모델의 장점은 분산 프로그램을 쉽게 하고, 거의 선형의 시간으로 속도를 빠르게 하고, 좋은 확장성을 줄 뿐 아니라 결함을 허용한다. 맵리듀스 배치 처리에는 작업을 재귀적이나 반복적인 실행을 할 수 없다는 단점이 있다. 게다가 분명한 배치 작업에서 모든 입력이 리듀스 작업이 시작하기 전에 맵이 준비해야 하는 요소들이 필요하기 때문에 온라인과 스트림 처리에 맵리듀스는 부적합하다.

실시간 처리는 데이터를 처리 후 결과를 (거의) 바로 얻는 것을 말한다. 구글은 빅데이터의 실시간 애드혹^{ad hoc} 질의의 개념을 드레멜^{Dremel}로 구현했다. 구글의 드레멜은 배치 작업을 하나씩 처리하는 방식보다 병렬로 질의를 계산한다. 병렬 계산이 가능한 이유는 확장성 있는 집계 알고리즘과 고속 인덱스를 가진 중첩 구조를 위한 새로운 칼럼 단위의 저장 포맷을 사용하기 때문이다. 집계 알고리즘과 칼럼 단위의 저장 포맷 기술은 실시간 처리에 대한 주된 특징을 갖고 있다. 클라우데라 임팔라^{Cloudera Impala}, 페이스북 프레스토^{Facebook Presto}, 아파치 드릴^{Apache Drill}, 아파치 하이브^{Apache Hive} 위에서 100배의 성능을 개선한 스팅거^{Stinger}가 만든 하이브 온 테즈^{Hive on Tez}도 해당 기술이 사용됐다. 반면, 인메모리^{in-memory} 컴퓨팅에서는 실시간 처리에 대한 다른 해결 방법을 제공한다. 인메모리 컴퓨팅은 하드 디스크의 200MB/second에 비교해서 10GB/second 이상의 매우 높은 대역폭을 제공한다. 또한 지연은 하드 디스크의 밀리초에 비해 나모세컨드로 낮다. RAM의 가격은 매일 낮아지며, 인메모리 컴퓨팅은 실시간 솔루션으로 더 쓸만해지고 있다. 실시간 솔루션의 예인 아파치 스파크^{Apache Spark}는 인메모리 오픈 소스 컴퓨팅의 인기 있는 구현이다. 스파크는 쉽게 하둡과 연동할 수 있으며, 스파크의 RDD^{Resilient Distributed Dataset}는 효율적인 캐싱을 위해 HDFS와 HBASE 같은 데이터 소스에서 생성될 수 있다.

스트림 처리는 결과를 얻기 위해 실시간 스트림 데이터에서 연속적으로 처리하고 조치를 취하는 것을 말한다. 스트림 처리에서 두 개의 인기 있는 프레임워크로는 트위터의 스톰(https://storm.apache.org/)과 야후의 S4(http://incubator.apache.org/s4/)가 있다. 두 프레임워크 모두 자바 가상 머신^{JVM} 위에 동작하고 적합한 스트림을 처리한다. 프로그래밍 모델 관점에서 S4는 프로세싱 엘리먼트^{PE, Processing Element}의 그래프를 정의한 프로그램이고, S4는 키당 PE를 초기화한다. 짧게 말해서 스톰은 프레임워크를 생성할 수 있는 기본적인 툴을 제공하는 반면, S4는 잘 정의된 프레임워크를 제공한다.

하둡 생태계의 개요

하둡은 2011년에 첫 번째 버전을 1.0.0으로 아파치에서 발표했다. 하둡 1.0.0 버전에는 HDFS와 맵리듀스만 포함됐다. 하둡은 매우 초기부터 컴퓨팅(맵리듀스)과 저장소 플랫폼HDFS으로 설계됐다. 빅데이터 분석에 대한 요구가 커짐에 따라, 하둡은 빅데이터에 대한 질문을 함께 해결하기 위해, 많은 소프트웨어를 하둡 중심의 빅데이터 생태계에 병합하기 위해 끌어들였다. 다음 그림은 하둡 생태계, 하둡의 핵심 시스템과 컴포넌트를 간략하게 소개한다.

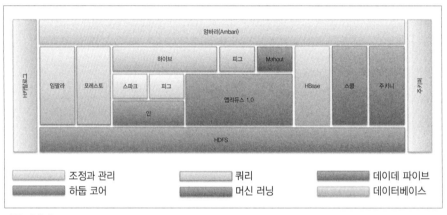

하둡 생태계

현재 하둡 생태계에서 HDFS는 여전히 주요 저장소로 쓰고 있다. 저장소 최적화를 위해 HDFS 위에 스내피snappy, 파퀘이Parquet, ORCORCFile를 사용할 수 있다. 더좋은 성능과 확장성을 위해 얀Yarn이라 부르는 하둡 맵리듀스 핵심 엔진을 2.0 버전에 발표했다. 실시간 분석 솔루션으로 사용하는 스파크와 테즈Tez는 하둡과 연동하기 위해 얀 기반 위에서 실행할 수 있다. HBase는 선도하는 NoSQL 데이터베이스이고, 배포된 하둡 클러스터를 기반으로 NoSQL 데이터베이스 요청을 처리하기 위해 특별히 사용된다. 스쿱Sqoop은 하둡과 관계형 데이터베이스 간의 데이터 교환을 위한 툴로서, 여전히 이 분야에서 선도하고 있으며 고도화된 툴 중하나다. 플룸Flume은 HDFS에서 데이터를 옮기거나 수집할 수 있는 툴로서, 고도화된 분산 툴이고 신뢰할 수 있는 로그 수집 툴이다. 임팔라Impala와 프레스토Presto

는 성능을 높이기 위해서 HDFS의 데이터를 얻기 위한 질의를 직접 한다. 하지만 호튼웍스Hortonworks는 하이브보다 100배 빠르게 하기 위해 스트링거 이니시에티브Stringer Initiative에 집중한다. 추가적으로, 하이브오버스파크Hive over Spark와 하이브오버테즈Hive over Tez는 사용자에게 맵리듀스 대신 다른 컴퓨팅 프레임워크에서 실행할 수 있는 옵션을 선택할 수 있게 한다. 그 결과, 하이브는 그 어느 때보다 하둡 생태계에 중요한 역할을 하고 있다.

하이브 개요

하이브는 하둡의 페타바이트 데이터를 다루는 SQL 질의의 표준이다. 하이브는 하둡을 웨어하우스 구조와 비슷하게 사용할 수 있게 HDFS의 데이터를 SQL로 접근할 수 있다. 하이브 질의 언어HQL, Hive Query Language는 관계형 데이터베이스의 표준 SQL과 비슷한 의미와 함수를 가지며, 경험이 많은 데이터베이스 분석가라면 쉽게 데이터를 얻을 수 있다. HQL은 더 좋게 성능을 개선하기 위해 맵리듀스, 테즈, 스파크와 같은 컴퓨팅 프레임워크에서 동작할 수 있다.

하이브의 데이터 모델은 하이 레벨이고, HDFS 위에서 테이블과 같은 구조를 제공한다. 하이브는 테이블table, 파티션partition, 버킷bucket 세 개의 데이터 구조를 지원한다. 테이블을 HDFS 디렉토리에 대응시키고, 이를 파티션으로 분할 할 수 있으며, 파티션을 버킷으로 차례대로 나눌 수 있다. 하이브는 TIMESTAMP, STRING, FLOAT, BOOLEAN, DECIMAL, DOUBLE, INT, SMALLINT, BIGINT 같은 원시primitive 데이터 포맷의 대부분을 지원하고, UNION, STRUCT, MAP, ARRAY 같은 복잡한 데이터 타입을 지원한다.

다음 그림은 하둡 생태계의 하이브의 관점에서 볼 수 있는 아키텍처다. 하이브 메타데이터 저장소metadata store(메타 저장소metastore라고 불린다)는 내장, 로컬, 원격 데이터베이스를 사용할 수 있다. 하이브 서버에 아파치 스리프트 서버Apache Thrift Server를 사용해 개발할 수 있다. 하이브의 0.11 버전인 하이브 서버 2Hive Server 2는 커보러스[kerberos], LDAP, 기존 JDBC와 ODBC 클라이언트 연결 부분의 기능 개선과 특별히 메타데이터의 기능 개선에 대한 사용자 정의 플러그인을 지원하는 다중 병렬 클라이언트를 처리할 수 있다.

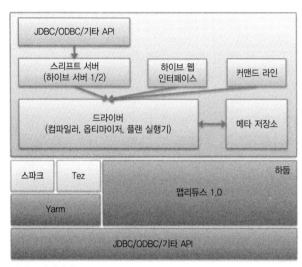

하이브 아키텍처

하이브가 계속 발전할 수 있는 여러 가지 장점은 다음과 같다.

- 하이브는 맵리듀스보다 간단하고, 코딩이 적은 질의 모델을 제공한다.
- HQL과 SQL의 문법이 비슷하다.
- 하이브는 쉽게 분석할 수 있는 많은 함수를 제공한다.
- 많은 데이터 집합에서 동일한 타입의 질의 응답 시간은 다른 타입의 질의 응답 시간보다 일반적으로 훨씬 빠르다.
- 하이브는 여러 컴퓨팅 프레임워크에서 동작할 수 있다.
- 하이브는 HDFS 데이터에 애드혹 질의를 할 수 있다.
- 하이브는 사용자가 정의한 함수, 스크립트, 하이브의 기능을 확장할 수 있는 사용자 정의 I/O 포맷을 지원한다.
- 하이브는 데이터의 다양한 타입과 큰 데이터 집합에 대해 확장과 확대가 가능하다.

- 애플리케이션에서 심리스^{seamless}[1]한 리포트 기능을 적용하려면, 하이브의 고도화된 JDBC와 ODBC 드라이버를 사용하여 데이터를 얻을 수 있다.
- 하이브는 SerDes와 I/O 포맷을 사용해 임의의 포맷 데이터를 읽을 수 있다.
- 하이브는 메타데이터 관리, 인증, 질의 최적화에 대해 정의된 아키텍처를 소유한다.
- 하이브 개발, 사용과 연관이 많은 실무자와 개발자 커뮤니티가 존재한다.

요약

1장을 정독했다면, 기존의 관계형 데이터베이스 대신 빅데이터를 사용하는 이유와 시기를 습득했을 것이다. 또한 배치 처리, 실시간 처리, 스트림 처리의 차이점에 대한 이해뿐만 아니라 하둡 생태계, 특히 하이브에 익숙해졌을 것으로 기대한다. 또한, 우리는 1장에서 빅데이터 단어, 하둡 생태계, 하이브 아키텍처, 하이브를 사용한 장점과 함께 빅데이터에 대한 데이터베이스와 웨어하우스의 역사를 훑어보았다. 2장에서는 하이브의 설정 방법을 연습하고, 커맨드 라인에서 하이브 사용에 필요한 모든 툴을 살펴본다.

---

1 심리스(seamless)는 애플리케이션이 하이브와 통신할 때, 하이브가 어떤 형태로 구성되고 어떤 HDFS에 연결되었는지 상관없이 애플리케이션이 하이브의 내부 변경 사항에 대해 설정을 변경하거나 다시 시작할 필요가 없음을 말한다. −옮긴이

2
하이브 환경 설정

2장에서는 클러스터와 클라우드에서 하이브 환경을 설치하고, 설정하는 방법을 소개한다. 또한 기초적인 하이브 커맨드의 사용 방법과 하이브와의 통합 개발 환경을 다룬다.

2장에서는 다음 주제를 다룬다.

- 아파치에서 하이브 설치하기
- 외부 업체 패키지에서 하이브 설치하기
- 클라우드에서 하이브 시작하기
- 하이브 커맨드 라인과 비라인[Beeline] 사용하기
- 하이브 통합 개발 환경

아파치에서 하이브 설치하기

하이브를 설치하기 전에, 모든 예제에서 사용할 하이브 1.0.0 버전을 사용하기로 한다. 하이브 설치에 대한 사전 설치 요구사항은 다음과 같다.

- JDK 1.7.0_51

- 하둡 0.20.x, 0.23.x.y, 1.x.y, 2.x.y

- 우분투 14.04/센트OS 6.2

 이 책은 하이브에 집중하기 때문에 자바와 하둡의 설치 방법은 설명하지 않는다. 자바와 하둡을 설치하고 싶다면 https://www.java.com/en/download/help/download_options.xml과 http://hadoop.apache.org/docs/current/hadoop-project-dist/hadoop-common/ClusterSetup.html을 참고한다.

다음은 리눅스 커맨드 라인에서 아파치 버전의 하이브 설치 방법을 설명한다.

1. 아파치 하이브에서 하이브를 다운로드 후 압축을 푼다.

```
bash-4.1$ wget http://apache.mirror.rafal.ca/hive/hive-1.0.0/apache-
hive-1.0.0-bin.tar.gz
bash-4.1$ tar -zxvf apache-hive-1.0.0-bin.tar.gz
```

2. /etc/profile 또는 ~/.bashrc를 열고, 다음 두 줄을 추가해 하이브를 시스템 패스에 추가한다.

```
export HIVE_HOME=/home/hivebooks/apache-hive-1.0.0-bin
export PATH=$PATH:$HIVE_HOME/bin:$HIVE_HOME/conf
```

3. 설정을 즉시 활성화한다.

```
bash-4.1$ source /etc/profile
```

4. 설정 파일을 생성한다.

```
bash-4.1$ cd apache-hive-1.0.0-bin/conf
bash-4.1$ cp hive-default.xml.template hive-site.xml
```

```
bash-4.1$ cp hive-env.sh.template hive-env.sh
bash-4.1$ cp hive-exec-log4j.properties.template hive-exec-log4j.
properties
bash-4.1$ cp hive-log4j.properties.template hive-log4j.properties
```

5. $HIVE_HOME/conf/hive-env.sh에서 설정 파일을 수정한다.

```
#Set HADOOP_HOME to point to a specific Hadoop install directory
export HADOOP_HOME=/home/hivebooks/hadoop-2.2.0
#Hive Configuration Directory can be accessed at:
export HIVE_CONF_DIR=/home/hivebooks/apache-hive-1.0.0-bin/conf
```

6. $HIVE_HOME/conf/hive-site.xml의 설정 파일을 수정한다. 특별한 주의
   가 필요한 중요 매개변수가 있다.

   o hive.metastore.warehourse.dir: 하이브 웨어하우스 저장소에 대한 패스
     다. 기본 값은 /user/hive/warehouse이다.

   o hive.exec.scratchdir: 임시 데이터 파일 패스다. 기본 값은 /tmp/hive-
     ${user.name}이다.

기본적으로 하이브는 더비 데이터베이스^{Derby}(http://db.apache.org/derby/)를 메
타데이터 저장소로 사용한다. 하이브는 PostgreSQL(http://www.postgresql.org/)
또는 MySQL(http://www.mysql.com/)과 같은 다른 데이터베이스도 메타데이터
저장소로 사용할 수 있다. 다른 데이터베이스를 사용하기 위해 하이브를 설정하
려면, 다음 매개변수를 설정해야 한다.

```
javax.jdo.option.ConnectionURL          // database URL
javax.jdo.option.ConnectionDriverName   // JDBC 드라이버 이름
javax.jdo.option.ConnectionUserName     // 데이터베이스 사용자 이름
javax.jdo.option.ConnectionPassword     // 데이터베이스 패스워드
```

다음은 MySQL을 메타스토어 데이터베이스로 사용할 수 있는 예제 설정이다.

```
<property>
    <name>javax.jdo.option.ConnectionURL</name>
```

```
    <value>jdbc:mysql://myhost:3306/hive?createDatabase IfNotExist=true</
value>
    <description>JDBC connect string for a JDBC metastore</description>
</property>
<property>
    <name>javax.jdo.option.ConnectionDriverName</name>
    <value>com.mysql.jdbc.Driver</value>
    <description>Driver class name for a JDBC metastore</description>
</property>
<property>
    <name>javax.jdo.option.ConnectionUserName</name>
    <value>hive</value>
    <description>username to use against metastore database</description>
</property>
<property>
    <name>javax.jdo.option.ConnectionPassword</name>
    <value>hive</value>
    <description>password to use against metastore database</description>
</property>
```

MySQL JDBC 드라이버를 $HIVE_HOME/lib 디렉토리에 복사한다.

 내장 더비 데이터베이스와 외부 데이터베이스 간의 차이점은 외부 데이터베이스는 공유 서비스를 제공해서 여러 사용자가 하이브의 메타데이터를 공유할 수 있다는 점이다. 그러나 내장 더비 데이터베이스는 오직 로컬 사용자만 볼 수 있다.

HDFS 폴더에서 폴더를 생성하고, 사용자 그룹에 쓰기 권한을 부여한다.

```
bash-4.1$ hdfs dfs -mkdir /tmp
bash-4.1$ hdfs dfs -mkdir /user/hive/warehouse
bash-4.1$ hdfs dfs -chmod g+w /tmp
bash-4.1$ hdfs dfs -chmod g+w /user/hive/warehouse
```

지금까지 아파치 하이브 설치에 대한 모든 내용을 설명했다. 설치된 하이브 노드 중 하나에 하이브 커맨드 라인을 쓸 수 있는 환경(hive))으로 들어가기 위해 hive 를 실행한다. 하이브 커맨드 라인으로 접속할 수 있다면, 하이브를 정상적으로 설 치했다는 것을 의미한다.

외부 업체 패키지에서 하이브 설치하기

요즘 클라우데라, MapR, IBM, 호튼웍스 같은 많은 회사는 하둡을 쉽게 관리 가 능한 배포물로 하둡을 패키징하고 있다. 각 회사들은 회사마다 약간 다른 전략 을 사용하고 있지만, 기업에서 하둡을 쉽게 사용할 수 있도록 하둡 패키지를 구 성하는 전략을 사용하고 있다. 예를 들어, http://www.cloudera.com/content/ cloudera/en/downloads/cdh.html에서 다운로드할 수 있는 CDH[Cloudera Distributed Hadoop]에서 하이브를 쉽게 설치할 수 있다. CDH를 하둡 환경으로 설치하면, 다음 단계를 따라 하둡 환경에 하이브를 추가할 수 있다.

1. 클라우데라 매니저에서 로그인하고 클러스터 이름 뒤의 드롭다운 버튼을 클 릭한 다음 Add a Service를 선택한다.

클라우데라 매니저의 메인 페이지

2. Add Service Wizard의 첫 화면에서 하이브를 설치하기 위해 Hive를 선택한다.

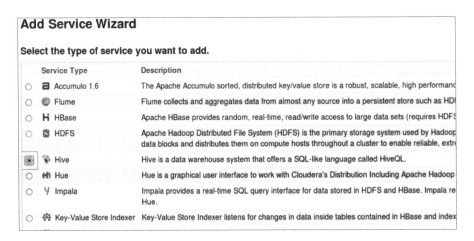

3. Add Service Wizard의 두 번째 화면에서 서비스의 의존성을 설정한다. 센트리
(Sentry)는 하이브의 인증 정책 서비스다.

4. Add Service Wizard의 세 번째 화면에서 HiveServer2, Hive Metastore Server,
WebHCat Server, Gateway의 적절한 장비를 선택한다.

5. Add Service Wizard의 네 번째 화면에서 하이브의 메타 저장소 서버의 데이터 베이스 연결 정보를 설정한다.

Add Service Wizard

Database Setup

Configure and test database connections. Create the databases first according to the **Installing and Configuring an External Database** section of the Installation Guide ☑ .

Hive   ✓ Successful

Database Host Name: *	Database Type:	Database Name : *	Username: *	Password:
quickstart.cloudera	MySQL ▾	metastore	root	cloudera

☑ Show Password

Test Connection

Notes:
- The value in the **Database Host Name** field must match the value you used for the host name when creating the database. Learn more ☑
- If the database is not running on its default port, specify the port number using **host:port** in the Database Host Name field.
- It is highly recommended that each database is on the same host as the corresponding role instance.

6. Add Service Wizard의 마지막 화면에서 하이브의 웨어하우스 디렉토리와 메타스토어의 서버 포트의 변경 사항을 살펴본다. 하이브 설치를 시작하기 위해 기본 값을 그대로 두고 Continue 버튼을 클릭한다. 하이브 설치가 성공적으로 완료되면, 하이브 설치를 끝내기 위해 위자드를 종료한다.

> 클러스터에 CDH를 먼저 설치하거나 외부 업체의 빠르게 실행할 수 있는 하둡 가상 머신 이미지를 직접 임포트(import)하면, 다른 서비스와 함께 하이브를 설치할 수 있다.

클라우드에서 하이브 시작하기

요즘 아마존 EMR, 클라우데라 디렉터Director, 마이크로소프트 애저 HD인사이트 서비스Azure HDInsight Service는 클라우드에서 성숙한 하둡과 하이브 서비스를 제공하는 주요 회사 중 하나다. 하이브의 클라우드 버전을 사용하면 매우 편리하다. 별도의 설치 요청을 할 필요 없이 셋업만 요청하면 끝이다.

아마존 EMR(http://aws.amazon.com/elasticmapreduce/)은 클라우드에서 가장 쉽게 쓸 수 있는 하둡 서비스다. 하지만, 하둡의 순수 오픈 소스 버전이 아니고, AWS 클라우드에서만 동작하도록 최적화됐다. 클라우데라는 오픈 소스 하둡 솔루션을 기업에 제공하는 첫 선두자 중 하나다. 클라우데라는 2014년 10월 중순부터 클라우데라 디렉터(http://www.cloudera.com/content/cloudera/en/products-and-services/director.html)를 출시했다. 클라우데라 디렉터는 간단하고, 셀프 서비스 인터페이스가 있으며, AWS를 완벽하게 지원하는 클라우드의 하둡 배포 방식을 공개한다. 마이크로소프트 애저 HD인사이드 서비스(http://azure.microsoft.com/en-us/documentation/services/hdinsight/)는 애저 클라우드에서 아파치 하둡 클러스터를 배포한다. 하둡이 리눅스에서 먼저 개발되었기 때문에, 호튼웍스와 마이크로소프트는 아파치 하둡의 장점을 윈도우 기반의 애저 클라우드에 사용할 수 있게 하기 위해 파트너십을 맺었다.

여기 언급된 외부 업체들 간의 합의는 기업들에게 매우 간단한 사용자 인터페이스를 가진 유연성, 보안성, 관리 및 거버넌스 기능의 가용성이 뛰어난 하둡 클러스터를 제공하는 것이다.

하이브 커맨드 라인과 비라인 사용하기

하이브는 처음에 HiveServer1로 시작했다. 그러나 HiveServer1의 하이브 서버는 매우 불안정했다. 때때로 클라이언트의 커넥션이 조용히 블록되거나 정지됐다. 하이브는 HiveServer1에 이어 버전 0.11 버전부터 HiveServer2라 부르는 새로운 하이브 서버를 탑재했다. 개선된 HiveServer2는 다중 클라이언트의 병렬 접근과 개선된 인증을 위해 설계됐다. HiveServer2는 커맨드 라인의 대안으로서 비라인[Beeline]도 지원한다. HiveServer1은 더 이상 쓰지 않도록 권고되었고, 1.0.0 버전부터 삭제됐다.

HiverServer1과 HiveServer2의 주요 차이점은 클라이언트의 하이브 연결 방법이다. 하이브 CLI는 아파치 스리프트^{Apache Thrift} 기반의 클라이언트이고, 비라인은 SQLLine(http://sqlline.sourceforge.net/) CLI 기반의 JDBC 클라이언트다. 하이브 CLI는 하이브 드라이버에 직접 접속해야 하며, 하이브 클라이언트는 하이브가 설치된 동일한 장비여야 한다. 하지만, 비라인은 HiveServer2를 JDBC 커넥션으로 연결하고 클라이언트와 동일 장비에 하이브 라이브러리를 설치할 필요가 없다. 그 말은 비라인은 하둡 클러스터의 바깥에서 원격으로 실행할 수 있음을 의미한다.

다음 표는 비라인과 하이브 CLI에서 주로 사용되는 커맨드를 설명한다. HiveServer2와 비라인의 사용과 관련된 내용을 더 보고 싶다면, 하이브 위키 (https://cwiki.apache.org/confluence/display/Hive/HiveServer2+Clients)를 참고한다.

목적	HiveServer2 비라인	HiveServer1 CLI
서버 연결	`beeline -u <jdbcurl> -n <username> -p <password>`	`hive -h <hostname> -p <port>`
도움	`beeline -h` 또는 `beeline --help`	`hive -H`
쿼리 실행	`beeline -e <query in quotes>` `beeline -f <query file name>`	`hive -e <query in quotes>` `hive -f <query file name>`
변수 정의	`beeline --hivevar key=value`. 하이브 0.13.0 버전 이후부터 사용 가능하다.	`hive --hivevar key=value`

다음은 비라인 또는 하이브 CLI의 커맨드 라인 문법이다.

목적	HiveServer2 비라인	HiveServer1 CLI
모드 진입	`beeline`	`hive`
연결	`!connect <jdbcurl>`	`n/a`
테이블 목록	`!table`	`show tables;`
칼럼 목록	`!column <table_name>`	`desc <table_name>;`
쿼리 실행	`<HQL query>;`	`<HQL query>;`

(이어짐)

목적	HiveServer2 비라인	HiveServer1 CLI
결과 집합 저장	`!record <file_name>` `!record`	N/A
셀 커맨드 실행	`!sh ls` 하이브 0.14.0 이후부터 사용 가능하다.	`!ls;`
dfs 커맨드 실행	`dfs -ls`	`dfs -ls;`
SQL 파일 실행	`!run <file_name>`	`source <file_name>;`
하이브 버전 체크	`!dbinfo`	`!hive --version;`
종료 모드	`!quit`	`quit;`

!로 시작한 비라인 커맨드 뒤에는 ';'을 사용할 필요가 없다.

하이브 CLI에서 쿼리를 실행할 때, 처리 중인 맵리듀스의 통계 정보를 콘솔 화면에서 볼 수 있다. 반면 비라인은 처리 통계 정보를 볼 수 없다.

비라인과 하이브 CLI의 〈tab〉은 기본적으로 자동 완성을 위해 사용하기 때문에, 비라인과 하이브 CLI에서 〈tab〉이 포함된 쿼리를 실행할 수 없다. 대신, 파일에서 쿼리를 실행하면 이런 문제는 발생하지 않는다.

쿼리가 여러 라인일 때, 문법 에러가 발생하면 하이브 CLI는 정확한 라인과 하이브 쿼리 위치를 보여준다. 하지만, 비라인은 여러 라인으로 구성된 쿼리를 하나의 라인으로 처리하기 때문에, 문법 에러가 발생하면 모든 커맨드에 대해 첫 번째 라인과 쿼리 위치만 보여준다. 이런 측면으로 보면, 하이브 CLI는 비라인보다 하이브 쿼리를 디버깅하는 데 더 편리하다.

하이브 CLI와 비라인에서 위 화살 키와 아래 화살 키를 사용하면 이전에 실행한 10,000개의 커맨드를 볼 수 있다. 비라인에서 실행된 모든 커맨드를 보려면 !history 커맨드를 실행한다.

하이브 CLI와 비라인은 변수 대체 기능을 제공한다. https://cwiki.apache.org/confluence/display/Hive/LanguageManual+VariableSubstitution을 참고한다.

커맨드 라인 환경에서 set 키워드를 사용하면 하이브 환경 설정 목록과 속성 목록을 접근하거나 덮어쓸 수 있다. 관련 내용을 좀 더 자세히 살펴보려면 하이브 위키(https://cwiki.apache.org/confluence/display/Hive/Configuration+Properties)를 참고한다.

하이브 IDE

커맨드 라인 인터페이스 외에, 하이브 개발에 사용할 수 있는 통합 개발 환경^{IDE}이 일부 존재한다. 그 중 오라클 SQL 디벨롭퍼$^{oracle\ SQL\ Developer}$가 괜찮은 하이브 IDE 중 하나다. 오라클 SQL 디벨롭퍼는 오라클 IDE의 강력한 기능을 사용할 수 있을 뿐만 아니라 무료로 사용할 수 있다. 프로젝트에서 하이브와 함께 오라클을 사용한다면, 동일한 IDE에서 하이브와 오라클을 교대로 사용할 수 있기 때문에 매우 편리하다.

오라클 SQL 디벨롭퍼는 4.0.3 버전부터 하이브를 지원한다. 하이브와 연동하기 위해 오라클 SQL 디벨롭퍼를 설정하는 것은 매우 쉽다. 다음은 하이브를 연결하기 위해 오라클 SQL 디벨롭퍼를 설정하는 단계다.

1. 클라우데라와 같은 외부 업체의 웹사이트에서 하이브 JDBC 드라이버를 다운로드한다.

2. JDBC 버전 4 드라이버를 로컬 디렉토리에 다운로드하고, 압축을 푼다.

3. 오라클 SQL 디벨롭퍼를 시작하고 오라클 SQL 디벨롭퍼에서 Preferences ❯ Database ❯ Third Party JDBC Drivers 메뉴로 차례대로 들어간다.

4. Third-party JDBC Driver Path에 압축을 풀었던 모든 JAR 파일을 다음과 같이 추가한다.

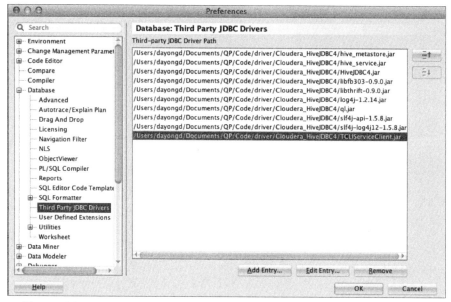

오라클 SQL 디벨롭퍼 설정 화면

5. OK 버튼을 클릭하고 오라클 SQL 디벨롭퍼를 다시 시작한다.

6. Hive 탭에 Connection Name, Username, Password, Host name(하이브 서버 장비 이름), Port, Database에 내용을 작성해 새로운 연결을 생성한다. 하이브에 연결하기 위해 Add 버튼과 Connect 버튼을 차례로 클릭한다.

오라클 SQL 디벨롭퍼 연결 화면

오라클 SQL 디벨롭퍼에서 하이브 쿼리뿐 아니라 상호작용할 수 있는 모든 하이브 커맨드를 실행할 수 있다. 또한 그래픽 사용자 인터페이스와 마법사 기능에서 하이브 테이블로 데이터를 저장하거나 볼 수 있는 오라클 SQL 디벨롭퍼의 막강한 기능을 도움받을 수 있다.

하이브 IDE 외에, 하이브에 자체 내장된 웹 인터페이스인 HiveWebInterface도 가지고 있다. 하지만, HiveWebInterface는 강력하지 않을 뿐더러 자주 쓰이지 않는다. 휴Hue(http://gethue.com/)는 하둡을 포함해 하둡 생태계에서 다른 웹 인터페이스다. 휴는 매우 강력하고 사용자 친화적인 웹 유저 인터페이스를 가진다. 10장, '다른 툴과의 연동'에서 하이브에 휴를 사용하는 방법을 소개한다.

요약

2장에서는 여러 환경에서 하이브의 설정 방법을 소개했다. 또한 하이브 CLI, 비라인, IDE에서 하이브와 상호작용하는 커맨드와 쿼리를 살펴보았다. 2장을 충분히 이해했다면, 로컬에서 하이브 환경을 설정하고, CLI 또는 IDE 툴을 이용한 하이브 사용이 가능할 것이다.

3장에서는 하이브의 데이터 정의 언어를 상세하게 살펴본다.

3

데이터 정의와 설명

3장에서는 기초 데이터 타입, 데이터 정의 언어, 데이터를 설명하기 위해 하이브의 스키마를 소개한다. 또한, 데이터를 설명할 수 있는 모범 사례를 다루며, 내부 테이블과 외부 테이블, 파티션, 버킷, 뷰를 효과적으로 사용하는 방법을 설명한다.

3장에서는 다음 주제를 다룬다.

- 하이브 원시 타입과 복잡한 데이터 타입
- 데이터 타입 변환
- 하이브 테이블
- 하이브 파티션
- 하이브 버킷
- 하이브 뷰

하이브의 데이터 타입 이해하기

하이브 데이터 타입은 두 타입, 즉 원시 타입과 복잡한 데이터 타입으로 나뉜다. 문자열^{String}과 숫자^{integer}는 여러 하이브 함수에서 지원하고 있는 유용한 원시 타입$^{primitive\ type}$이다.

예제 코드 다운로드하기

여러분이 팩트출판사 책을 http://www.packtpub.com에서 구매했다면 계정에서 예제 코드를 다운로드[1]할 수 있다. 다른 곳에서 이 책을 구매했다면, http://www.packtpub.com/support을 방문해 여러분의 이메일을 등록하면 첨부된 코드를 받을 수 있다. 에이콘출판사의 도서정보 페이지 http://www.acornpub.co.kr/book/apache-hive-essentials에서도 내려받을 수 있다.

원시 타입의 상세 내용은 다음과 같다.

원시 데이터 타입	설명	예제
TINYINT	1바이트이며, -128부터 127까지의 값을 가진다. 접미사는 Y다. 작은 범위의 수를 표현할 때 사용된다.	10Y
SMALLINT	2바이트이며, -32,768부터 32,767까지의 값을 가진다. 접미사는 S다. 일반적인 숫자를 표현하는 데 사용된다.	10S
INT	4바이트이며, -2,147,483,648에서 2,147,483,647까지의 값을 가진다.	10
BIGINT	8바이트이며, -9,223,372,036,854,775,808부터 9,223,372,036,854,775,807까지의 값을 가진다. 접미사는 L이다.	100L
FLOAT	4바이트 단일 정밀도 부동 소수점 숫자이고, $1.40129846432481707e^{-45}$부터 $3.40282346638528860e^{+38}$(양 또는 음의 값)까지의 값을 가진다. 과학적 표기법은 아직 지원되지 않는다. 숫자 값과 가장 가까운 근사치를 저장한다.	1.2345679
DOUBLE	8바이트 배정밀도 부동 소수점 숫자이고, $4.94065645841246544e^{-324d}$부터 $1.79769313486231570e^{+308d}$(positive 또는 negative)까지의 값을 가진다. 과학적 표기법은 아직 지원하지 않는다. 숫자 값과 가장 가까운 근사치 값을 저장한다.	1.2345678901234567

(이어짐)

---

1 독자 중 한 사람이 깃허브(https://github.com/willddy/HiveEssentials)에 책의 예제를 올려놓았으니 참고하기 바란다. – 옮긴이

원시 데이터 타입	설명	예제
DECIMAL	고정된 38자리 정확도를 가진 타입으로 하이브 0.11.0 버전에 소개됐다. 하이브 0.13.0 버전에서 사용자 정의 가능한 정확도와 범위를 소개했다. 약 $10^{39} - 1$에서 $1 - 10^{38}$까지의 값을 가진다. DECIMAL 데이터 타입은 숫자의 정확한 표현을 저장한다. DECIMAL 데이터 타입의 기본 정의 값은 decimal(10,0)이다.	3.14와 같은 값을 저장하려면 DECIMAL (3,2)
BINARY	하이브 0.8.0에서 소개되었고 STRING으로, STRING에서의 CAST만 지원한다.	1011
BOOLEAN	TRUE 또는 FALSE 값이다.	TRUE
STRING	작은따옴표(') 또는 큰따옴표(")로 표현되는 문자열을 포함한다. 하이브는 문자열에 C 언어 스타일의 이스케이프 문자[2]를 사용한다. 최대 값은 약 2G다.	'Books' 또는 "Books"
CHAR	하이브 0.13.0부터 사용할 수 있다. 대부분의 UDF[3]는 하이브 0.14.0 이후부터 CHAR 타입에서 작동한다. 최대 길이는 255으로 고정되어 있다.	'US' 또는 "US"
VARCHAR	하이브 0.12.0부터 사용할 수 있다. 대부분의 UDF는 하이브 0.14.0 이후부터 VARCHAR 타입에서 작동한다. 최대 길이는 65355로 고정되어 있다. 문자열이 VARCHAR 타입으로 변환할 때 문자열의 길이가 너무 길면, 문자열에서 길이가 긴 부분은 잘려진다.	'Books' 또는 "Books"
DATE	YYYY-MM-DD의 포맷으로 특정 년, 달, 일을 표현한다. 하이브 0.12.0부터 사용할 수 있다. 날짜의 범위는 0000-01-01에서 9999-12-31이다.	'2013-01-01'
TIMESTAMP	YYYY-MM-DD HH:MM:SS[.fff...]의 형식으로 특정 년, 달, 일, 시간, 분, 초, 밀리세컨드를 표현한다. 하이브 0.8.0부터 사용할 수 있다.	'2013-01-01 12:00:01.345'

하이브는 세 개의 복잡한 타입, 즉 ARRAY, MAP, STRUCT를 소유한다. 복잡한 데이터 타입은 원시 데이터 타입을 기반으로 생성됐다. ARRAY와 MAP은 자바의 타입과 동일하다. STRUCT는 필드의 어떤 타입이든 집합으로 가질 수 있는 레코드 타입이다. 복잡한 타입은 타입의 중첩을 허용한다. 복잡한 타입에 대한 상세한 내용은 다음과 같다.

---

2 문자열 내부에서 특수한 문자를 정의할 때 사용하는 방식을 말한다. ₩?, ₩n 등이 예제다. – 옮긴이
3 UDF는 User Defined Functions의 약자로서 사용자 정의 함수를 의미한다. – 옮긴이

복잡한 데이터 타입	설명	예제
ARRAY	[val1, val2, 등]과 같은 동일한 타입인 아이템 목록이다. array_name[index]을 사용(예, fruit[0]= 'apple')해 값에 접근할 수 있다.	['apple','orange','mango']
MAP	{key1:val1, key2:val2 등}과 같이 키와 값을 짝으로 구성한 집합이다. map_name[key]를 사용(예, fruit[1]= "apple")해 값에 접근할 수 있다.	{1: "apple",2: "orange"}
STRUCT	{val1, val2, val3, 등}과 같이 타입과 상관없이 필드를 사용자 정의한 구조다. 기본적으로 STRUCT 필드 이름은 col1, col2 등이 된다. structs_name.column_name을 사용(예, fruit.col1=1)해 값에 접근한다.	{1, "apple"}
NAMED STRUCT	{name1:val1, name2:val2, 등}과 같이 타입을 가진 여러 필드를 사용자가 계속 정할 수 있는 구조다. structs_name.column_name을 사용(예, fruit.apple="gala")해 값에 접근할 수 있다.	{"apple":"gala","weight kg":1}
UNION	모든 데이터 타입 중 정확하게 하나의 데이터 타입만 갖는 구조다. 하이브 0.7.0부터 사용할 수 있다. 하지만, 자주 사용되는 타입은 아니다.	{2:["apple","orange"]}

 MAP에서 키와 값의 타입은 통일되어야 한다. 하지만, STRUCT는 더 유연하다. MAP은 사용자 정의한 인덱스가 있는 ARRAY와 더 닮았다고 한다면, STRUCT는 테이블과 더 닮았다고 볼 수 있다.

다음은 주로 많이 쓰는 하이브 타입에 대한 간단한 연습이다. 뒷부분에서 CREATE, LOAD, SELECT 문을 상세히 다룰 것이다. 하이브 타입을 살펴보자.

1. 다음과 같이 데이터를 준비한다.

```
-bash-4.1$ vi employee.txt
Michael|Montreal,Toronto|Male,30|DB:80|Product:DeveloperLead
Will|Montreal|Male,35|Perl:85|Product:Lead,Test:Lead
Shelley|New York|Female,27|Python:80|Test:Lead,COE:Architect
Lucy|Vancouver|Female,57|Sales:89,HR:94|Sales:Lead
```

2. 비라인에 HiveServer2의 장비 이름, 포트 숫자, 데이터베이스 이름, 사용자 이름, 패스워드를 포함해 로그인한다.

```
-bash-4.1$ beeline
beeline> !connect jdbc:hive2://localhost:10000/default
scan complete in 20ms Connecting to jdbc:hive2://localhost:10000/
default
Enter username for jdbc:hive2://localhost:10000/default:dayongd Enter
password for jdbc:hive2://localhost:10000/default:
```

3. ARRAY, MAP, STRUCT 복합 데이터 타입을 사용해 테이블을 생성한다.

```
jdbc:hive2://> CREATE TABLE employee
. . . . . . .> (
. . . . . . .>    name string,
. . . . . . .>    work_place ARRAY<string>,
. . . . . . .>    sex_age STRUCT<sex:string,age:int>,
. . . . . . .>    skills_score MAP<string,int>,
. . . . . . .>    depart_title MAP<string,ARRAY<string>>
. . . . . . .> )
. . . . . . .> ROW FORMAT DELIMITED
. . . . . . .> FIELDS TERMINATED BY '|'
. . . . . . .> COLLECTION ITEMS TERMINATED BY ','
. . . . . . .> MAP KEYS TERMINATED BY ':';
No rows affected (0.149 seconds)
```

4. 비라인에서 테이블의 생성을 검증한다.

```
jdbc:hive2://>!table employee
+---------+------------+------------+--------------+---------+
|TABLE_CAT|TABLE_SCHEMA| TABLE_NAME |  TABLE_TYPE  | REMARKS |
+---------+------------+------------+--------------+---------+
|         |default     | employee   | MANAGED_TABLE|         |
+---------+------------+------------+--------------+---------+

jdbc:hive2://>!column employee
+--------------+------------+--------------+--------------+
| TABLE_SCHEM  | TABLE_NAME | COLUMN_NAME  |  TYPE_NAME   |
+--------------+------------+--------------+--------------+
```

```
| default      | employee     | name          | STRING        |
| default      | employee     | work_place    | array<string> |
| default      | employee     | sex_age       | struct<sex:   |
|              |              |               | string,age:int>|
| default      | employee     | skills_score  | map<string,int>|
| default      | employee     | depart_title  | map<string,   |
|              |              |               | array<string>> |
+--------------+-------------+---------------+---------------+
```

5. 데이터를 읽어 테이블에 저장한다.

```
jdbc:hive2://>LOAD DATA LOCAL INPATH '/home/hadoop/employee.txt'
. . . . . . .>OVERWRITE INTO TABLE employee;
No rows affected (1.023 seconds)
```

6. 테이블의 모든 로우^{row}를 쿼리한다.

```
jdbc:hive2://> SELECT * FROM employee;
+-------+------------------+-------------+----------------+-----------------------------+
| name  |    work_place    |   sex_age   |  skills_score  |         depart_title        |
+-------+------------------+-------------+----------------+-----------------------------+
|Michael||Montreal, Toronto||Male, 30 | |{DB=80}         ||{Product=[Developer, Lead]} |
|Will   ||Montreal]        ||Male, 35 | |{Perl=85}       ||{Test=[Lead], Product=[Lead]} |
|Shelley||New York]        ||Female, 27]|{Python=80}     ||{Test=[Lead], COE=[Architect]}|
|Lucy   ||Vancouver]       ||Female, 57]|{Sales=89, HR=94}|{Sales=[Lead]}              |
+-------+------------------+-------------+----------------+-----------------------------+
4 rows selected (0.677 seconds)
```

7. 테이블에서 모든 배열과 각 배열의 칼럼을 쿼리한다.

```
jdbc:hive2://> SELECT work_place FROM employee;
+---------------------+
|      work_place     |
+---------------------+
| [Montreal, Toronto] |
| [Montreal]          |
| [New York]          |
| [Vancouver]         |
+---------------------+
4 rows selected (27.231 seconds)
```

```
jdbc:hive2://> SELECT work_place[0] AS col_1,
. . . . . . . .> work_place[1] AS col_2, work_place[2] AS col_3
. . . . . . . .> FROM employee;
+------------+----------+--------+
|   col_1    |  col_2   | col_3  |
+------------+----------+--------+
| Montreal   | Toronto  |        |
| Montreal   |          |        |
| New York   |          |        |
| Vancouver  |          |        |
+------------+----------+--------+
4 rows selected (24.689 seconds)
```

8. 테이블에서 모든 STRUCT와 각 STRUCT의 칼럼을 쿼리한다.

```
jdbc:hive2://> SELECT sex_age FROM employee;
+----------------+
|    sex_age     |
+----------------+
| [Male, 30]     |
| [Male, 35]     |
| [Female, 27]   |
| [Female, 57]   |
+----------------+
4 rows selected (28.91 seconds)

jdbc:hive2://> SELECT sex_age.sex, sex_age.age FROM employee;
+----------+------+
|   sex    | age  |
+----------+------+
| Male     | 30   |
| Male     | 35   |
| Female   | 27   |
| Female   | 57   |
+----------+------+
4 rows selected (26.663 seconds)
```

9. 테이블에서 모든 map과 각 map의 칼럼을 쿼리한다.

```
jdbc:hive2://> SELECT skills_score FROM employee;
+--------------------+
|    skills_score    |
+--------------------+
| {DB=80}            |
| {Perl=85}          |
| {Python=80}        |
| {Sales=89, HR=94}  |
+--------------------+
4 rows selected (32.659 seconds)

jdbc:hive2://> SELECT name, skills_score['DB'] AS DB,
. . . . . . .> skills_score['Perl'] AS Perl,
. . . . . . .> skills_score['Python'] AS Python,
. . . . . . .> skills_score['Sales'] as Sales,
. . . . . . .> skills_score['HR'] as HR
. . . . . . .> FROM employee;
+----------+-----+-------+---------+--------+-----+
|   name   | db  | perl  | python  | sales  | hr  |
+----------+-----+-------+---------+--------+-----+
| Michael  | 80  |       |         |        |     |
| Will     |     | 85    |         |        |     |
| Shelley  |     |       | 80      |        |     |
| Lucy     |     |       |         | 89     | 94  |
+----------+-----+-------+---------+--------+-----+
4 rows selected (24.669 seconds)
```

 하이브의 결과 집합에 있는 칼럼 이름은 항상 소문자임을 기억하라.

10. 테이블에서 복합 타입을 쿼리한다.

```
jdbc:hive2://> SELECT depart_title FROM employee;
+-------------------------------+
|         depart_title          |
+-------------------------------+
```

```
| {Product=[Developer, Lead]}    |
| {Test=[Lead], Product=[Lead]}  |
| {Test=[Lead], COE=[Architect]} |
| {Sales=[Lead]}                 |
+--------------------------------+
4 rows selected (30.583 seconds)


jdbc:hive2://> SELECT name,
. . . . . . .> depart_title['Product'] AS Product,
. . . . . . .> depart_title['Test'] AS Test,
. . . . . . .> depart_title['COE'] AS COE,
. . . . . . .> depart_title['Sales'] AS Sales
. . . . . . .> FROM employee;
+--------+-------------------+---------+------------+------+
| name   |      product      |  test   |    coe     |sales |
+--------+-------------------+---------+------------+------+
| Michael| [Developer, Lead] |         |            |      |
| Will   | [Lead]            | [Lead]  |            |      |
| Shelley|                   | [Lead]  | [Architect]|      |
| Lucy   |                   |         |            |[Lead]|
+--------+-------------------+---------+------------+------+
4 rows selected (26.641 seconds)


jdbc:hive2://> SELECT name,
. . . . . . .> depart_title['Product'][0] AS product_col0,
. . . . . . .> depart_title['Test'][0] AS test_col0
. . . . . . .> FROM employee;
+----------+--------------+------------+
| name     | product_col0 | test_col0  |
+----------+--------------+------------+
| Michael  | Developer    |            |
| Will     | Lead         | Lead       |
| Shelley  |              | Lead       |
| Lucy     |              |            |
+----------+--------------+------------+
4 rows selected (26.659 seconds)
```

하이브의 기본 구분자는 다음과 같다.

- 로우 구분자: Ctrl + A 또는 ^A를 이용할 수 있다(테이블 생성 시 \001을 사용한다).
- 컬렉션 항목 구분자: Ctrl + B 또는 ^B(\002)를 이용할 수 있다.
- 맵 키 구분자: Ctrl + C 또는 ^C(\003)를 이용할 수 있다.

테이블을 생성할 때 구분자를 덮어 쓴다면, 평평한 구조에 사용할 때만 사용한다. 아파치 지라 Hive-365(https://issues.apache.org/jira/browse/HIVE-365)에 설명된 대로 하이브에 구분자에 대한 제약이 여전히 존재한다.

예를 들어, 중첩 타입에서 이전 테이블의 depart_title 칼럼, 중첩 레벨이 구분자를 결정한다. 예제에서 ARRAY의 ARRAY를 사용하면 바깥 쪽 ARRAY의 구분자에 Ctrl + B (\002) 문자를 사용한다. 기대한 대로 안쪽 ARRAY에는 Ctrl + C (\003) 문자를 사용하고, 다음 구분자는 목록에 있다. 예를 들어, ARRAY에 MAP을 사용하는 예제에서 MAP의 키 구분자는 \003이고, ARRAY 구분자는 Ctrl + D 또는 ^D (\004)이다.

데이터 타입 변환

자바와 비슷하게 하이브는 묵시적 타입 변환과 명시적 타입 변환을 지원한다.

좁은 타입에서 넓은 타입으로 변환하는 원시 타입 변환은 묵시적 변환이라 알려져 있다. 하지만, 그 반대의 변환은 허락되지 않는다. 모든 숫자 타입, FLOAT, STRING은 묵시적으로 DOUBLE, TINYINT, SMALLINT으로 묵시적으로 변환될 수 있고, INT는 FLOAT로 변환될 수 있다. BOOLEAN 타입은 기타 다른 타입으로 변환될 수 없다. 아파치 하이브 위키에는 하이브의 모든 두 타입 간 사용할 수 있는 암묵적 변환Allowed Implicit Conversions을 설명한 데이터 변환 테이블에 존재한다. 하이브 위키 (https://cwiki.apache.org/confluence/display/Hive/LanguageManual+Types)에서 데이터 변환 테이블을 확인할 수 있다.

명시적 타입 변환은 CAST(value AS TYPE) 문법을 가진 CAST 함수를 사용한다. 예를 들어, CAST('100' AS INT)는 문자열 100을 숫자 값인 100으로 변환할 것이다.

CAST('INT' AS INT)과 같이 타입 변환이 실패하면, 해당 함수는 NULL을 리턴한다. 게다가, BINARY 타입은 STRING으로만 변환할 수 있어서, 필요하다면 STRING으로 변환한 다음 다른 타입으로 변환한다.

하이브 데이터 정의 언어

하이브 데이터 정의 언어^{DDL, Data Definition Language}는 데이터베이스, 테이블, 뷰, 파티션, 버킷 같은 스키마 객체를 생성, 삭제, 변경함으로써 하이브의 데이터 구조를 설명하는 하이브 SQL 문의 부분 집합이다. 대부분의 하이브 DDL 문은 CREATE, DROP, ALTER 키워드로 시작한다. 하이브 DDL 문법은 SQL의 DDL 문법과 매우 유사하다. 하이브의 주석은 --로 시작한다.

하이브 데이터베이스

하이브의 데이터베이스는 비슷한 목적으로 사용되거나 동일한 그룹에 속한 테이블의 집합을 설명한다. 데이터베이스를 명세하지 않으면 기본 데이터베이스가 사용된다. 새로운 데이터베이스가 생성될 때마다 하이브는 hive.metastore.warehouse.dir에 정의한 /user/hive/warehouse에 개별 데이터베이스를 위한 디렉토리를 생성한다. 예를 들어, myhivebook 데이터베이스는 /user/hive/datawarehouse/myhivebook.db에 위치한다. 하지만, 기본 데이터베이스는 자신만의 디렉토리를 갖지 않는다. 다음은 하이브 데이터베이스의 핵심 DDL이다.

- 데이터베이스가 이미 존재하는지 확인하지 않고, 데이터베이스를 생성한다.

  jdbc:hive2://> CREATE DATABASE myhivebook;

- 데이터베이스가 이미 존재하는지 확인하고, 데이터베이스가 존재하지 않으면 데이터베이스를 생성한다.

  jdbc:hive2://> CREATE DATABASE IF NOT EXISTS myhivebook;

- 저장 위치, 주석, 메타데이터 정보를 포함해 데이터베이스를 생성한다.

```
jdbc:hive2://> CREATE DATABASE IF NOT EXISTS myhivebook
. . . . . . . .> COMMENT 'hive database demo'
. . . . . . . .> LOCATION '/hdfs/directory'
. . . . . . . .> WITH DBPROPERTIES ('creator'='dayongd','da
te'='2015-01-01');
```

- 와일드카드로 데이터베이스를 보여주고, 설명한다.

```
jdbc:hive2://> SHOW DATABASES;
+----------------+
| database_name  |
+----------------+
| default        |
+----------------+
1 row selected (1.7 seconds)

jdbc:hive2://> SHOW DATABASES LIKE 'my.*';
jdbc:hive2://> DESCRIBE DATABASE default;
+-------+--------------------+---------------------------+
|db_name|     comment        |           location        |
+-------+--------------------+---------------------------+
|default|Default Hive database |hdfs://localhost:8020/
                                  user/hive/warehouse|
+-------+--------------------+---------------------------+
1 row selected (1.352 seconds)
```

- 데이터베이스를 사용한다.

```
jdbc:hive2://> USE myhivebook;
```

- 빈 데이터베이스를 영구히 삭제한다.

```
jdbc:hive2://> DROP DATABASE IF EXISTS myhivebook;
```

하이브는 데이터베이스와 테이블을 디렉토리 모드로 유지하고 있음을 기억해야 한다. 부모 디렉토리를 삭제하려면, 먼저 하위 디렉토리를 삭제해야 한다. 기본적으로 데이터베이스가 비어 있지 않거나 CASCADE를 명세하지 않으면, 영구히 삭제할 수 있다. CASCADE는 데이터베이스를 삭제하기 전에 자동으로 데이터베이스의 테이블을 삭제한다.

- CASCADE로 데이터베이스를 영구히 삭제한다.

  jdbc:hive2://> DROP DATABASE IF EXISTS myhivebook CASCADE;

- 데이터베이스 속성을 변경한다. ALTER DATABASE 문은 테이블 속성과 테이블의 권한role(하이브 0.13.0 이후)에만 적용할 수 있다. 데이터베이스에 대한 기타 메타데이터는 변경되지 않는다.

  jdbc:hive2://> ALTER DATABASE myhivebook
  . . . .> SET DBPROPERTIES ('edited-by' = 'Dayong');

  jdbc:hive2://> ALTER DATABASE myhivebook SET OWNER user dayongd;

 SHOW와 DESCRIBE

하이브의 SHOW와 DESCRIBE 키워드는 테이블, 파티션 등 하이브 객체의 대부분에 대한 정의 정보를 보여주는 데 사용된다.

SHOW 문은 테이블, 테이블의 속성, 테이블 DDL, 인덱스, 파티션, 칼럼, 함수, 잠금, 권한, 설정, 트랜잭션, 컴팩션(compaction)과 같은 하이브 객체의 넓은 범위를 지원한다.

DESCRIBE 문은 데이터베이스, 테이블, 뷰, 칼럼, 파티션과 같은 하이브 객체의 작은 범위를 지원한다. 하지만, DESCRIBE 문은 EXTENDED 또는 FORMATTED 키워드로 조합한 더 상세한 정보를 제공한다.

이 책에서 SHOW와 DESCRIBE를 소개하는 절은 따로 없지만, 4장에서 기타 HQL을 포함한 라인에서 SHOW와 DESCRIBE의 사용을 소개한다.

하이브의 내부 및 외부 테이블

하이브의 테이블은 관계형 데이터베이스의 테이블과 매우 유사하다. 각 테이블은 HDFS의 ${HIVE_HOME}/conf/hive-site.xml에 설정된 디렉토리를 따른다. 테이블에 대한 HDFS의 기본 디렉토리는 /user/hive/warehouse이다. 예를 들어, 하이브에서 employee 테이블을 생성하면, HDFS에서 /user/hive/warehouse/employee 디렉토리가 생성된다. 테이블의 모든 데이터는 해당 디렉토리에 저장될 것이다. 하이브 데이터를 내부 테이블 또는 관리되는 테이블이라고도 칭한다.

HDFS에 이미 데이터가 존재한다면, 데이터를 설명하기 위해 외부 하이브 테이블은 데이터를 생성할 수 있다. 기본 웨어하우스 디렉토리 대신 LOCATION 속성에서 외부 테이블의 데이터를 명세하기 때문에, EXTERNAL이라고 칭한다. 데이터를 내부 테이블에서 유지하는 경우, 하이브는 테이블과 데이터의 모든 생명 주기를 관리한다. 내부 테이블이 삭제되면, 외부 테이블도 삭제된다. 외부 테이블이 삭제되면, 메타데이터 테이블이 삭제되지만 데이터는 유지된다. 실수로 테이블과 함께 데이터가 삭제되는 것을 방지하기 위해, 외부 테이블을 대부분 선호한다. 다음은 하이브 내부 테이블과 외부 테이블에 대한 DDL 예제다.

- 데이터베이스 파일의 위치와 employee 내부 테이블의 내용을 보여준다.

```
bash-4.1$ vi /home/hadoop/employee.txt
Michael|Montreal,Toronto|Male,30|DB:80|Product:Developer^DLead
Will|Montreal|Male,35|Perl:85|Product:Lead,Test:Lead
Shelley|New York|Female,27|Python:80|Test:Lead,COE:Architect
Lucy|Vancouver|Female,57|Sales:89,HR:94|Sales:Lead
```

- 내부 테이블을 생성하고, 데이터를 내부 테이블로 읽는다.

```
jdbc:hive2://> CREATE TABLE IF NOT EXISTS employee_internal
. . . . . . . .> (
. . . . . . . .> name string,
. . . . . . . .> work_place ARRAY<string>,
. . . . . . . .> sex_age STRUCT<sex:string,age:int>,
. . . . . . . .> skills_score MAP<string,int>,
. . . . . . . .> depart_title MAP<STRING,ARRAY<STRING>>
```

```
. . . . . . . .> )
. . . . . . . .> COMMENT 'This is an internal table'
. . . . . . . .> ROW FORMAT DELIMITED
. . . . . . . .> FIELDS TERMINATED BY '|'
. . . . . . . .> COLLECTION ITEMS TERMINATED BY ','
. . . . . . . .> MAP KEYS TERMINATED BY ':'
. . . . . . . .> STORED AS TEXTFILE;
No rows affected (0.149 seconds)

jdbc:hive2://> LOAD DATA LOCAL INPATH '/home/hadoop/employee.txt'
. . . . . . . .> OVERWRITE INTO TABLE employee_internal;
```

- 외부 테이블을 생성하고 데이터를 외부 테이블로 읽도록 한다.

```
jdbc:hive2://> CREATE EXTERNAL TABLE employee_external
. . . . . . . .> (
. . . . . . . .>  name string,
. . . . . . . .>  work_place ARRAY<string>,
. . . . . . . .>  sex_age STRUCT<sex:string,age:int>,
. . . . . . . .>  skills_score MAP<string,int>,
. . . . . . . .>  depart_title MAP<STRING,ARRAY<STRING>>
. . . . . . . .> )
. . . . . . . .> COMMENT 'This is an external table'
. . . . . . . .> ROW FORMAT DELIMITED
. . . . . . . .> FIELDS TERMINATED BY '|'
. . . . . . . .> COLLECTION ITEMS TERMINATED BY ','
. . . . . . . .> MAP KEYS TERMINATED BY ':'
. . . . . . . .> STORED AS TEXTFILE
. . . . . . . .> LOCATION '/user/dayongd/employee';
No rows affected (1.332 seconds)

jdbc:hive2://> LOAD DATA LOCAL INPATH '/home/hadoop/employee.txt'
. . . . . . . .> OVERWRITE INTO TABLE employee_external;
```

CREATE TABLE

하이브 테이블은 데이터베이스와 같은 제한이 현재는 없다.

LOCATION 속성에 패스의 폴더가 존재하지 않는다면, 하이브는 해당 폴더를 생성할 것이다. LOCATION 속성에 명세된 폴더에 다른 폴더가 있다면, 하이브는 테이블을 생성할 때 에러를 알리지 않지만, 테이블을 쿼리할 때는 에러를 알람한다.

HIVE-7090(https://issues.apache.org/jira/browse/HIVE-7090)에 따르면, 임시 테이블은 하이브 0.14.0부터 지원된다. CREATE TEMPORARY TABLE 문을 통해 하이브 세션이 끝나는 시점에 자동으로 삭제된다.

STORE AS 속성에는 AS TEXTFILE을 기본적으로 설정한다. SEQUENCEFILE, RCFILE, ORC, AVRO(하이브 0.14.0부터 지원), PARQUET(HIVE 0.13.0) 같은 기타 파일도 명세할 수 있다.

- 기존 테이블의 값을 복사해 새로운 테이블을 생성한다.[CTAS, create the table as select]4

```
jdbc:hive2://> CREATE TABLE ctas_employee
. . . . . . . .> AS SELECT * FROM employee_external;
No rows affected (1.562 seconds)
```

 CTAS

CTAS는 테이블 정의뿐 아니라 데이터를 복사한다. CTAS에 의해 생성된 테이블은 원자적이다. 이 말은 다른 사용자는 쿼리 결과가 나타날 때까지 테이블을 보지 못함을 의미한다. CTAS는 다음과 같은 제한이 있다.

- CTAS로 생성된 테이블은 파티션 테이블이 될 수 없다.
- CTAS로 생성된 테이블은 외부 테이블이 될 수 없다.
- CTAS로 생성된 테이블은 목록 버킷 테이블이 될 수 없다.

CTAS 문은 데이터를 생성하는 맵(map) 작업을 시작시킨다. SELECT * 문 자체는 맵 리듀스 작업을 시작시키지 않는다.

---

4 CTAS – '씨타스'라고 발음한다. – 옮긴이

- 다음과 같이 CTE^Common Table Expression가 포함된 CTAS를 생성할 수 있다.

```
jdbc:hive2://> CREATE TABLE cte_employee AS
. . . . . . . .> WITH r1 AS
. . . . . . .> (SELECT name FROM r2
. . . . . . .> WHERE name = 'Michael'),
. . . . . . .> r2 AS
. . . . . . .> (SELECT name FROM employee
. . . . . . .> WHERE sex_age.sex= 'Male'),
. . . . . . .> r3 AS
. . . . . . .> (SELECT name FROM employee
. . . . . . .> WHERE sex_age.sex= 'Female')
. . . . . . .> SELECT * FROM r1 UNION ALL select * FROM r3;
No rows affected (61.852 seconds)

jdbc:hive2://> SELECT * FROM cte_employee;
+---------------------------+
| cte_employee.name         |
+---------------------------+
| Michael                   |
| Shelley                   |
| Lucy                      |
+---------------------------+
3 rows selected (0.091 seconds)
```

 CTE

CTE는 하이브 0.13.0부터 사용 가능하다. CTE는 WITH 절 뒤에 명시된 간단한 SELECT 쿼리 결과를 제어하기 위해 SELECT 또는 INSERT 키워드가 추가된 임시 결과 집합이다. CTE는 하나의 문장의 실행 범위에서만 정의된다. 하나 이상의 CTE는 SELECT, INSERT, CREATE TABLE AS SELECT, CREATE VIEW AS SELECT 문과 같은 하이브 키워드를 포함해 중첩 또는 체인 방식으로 사용된다.

- 다음과 같이 빈 테이블은 두 가지 방식으로 생성될 수 있다.

    1. 아래의 내용처럼 CTAS를 사용한다.

    ```
    jdbc:hive2://> CREATE TABLE empty_ctas_employee AS
    . . . . . . . .> SELECT * FROM employee_internal WHERE 1=2;
    No rows affected (213.356 seconds)
    ```

    2. 아래의 내용처럼 LIKE를 사용한다.

    ```
    jdbc:hive2://> CREATE TABLE empty_like_employee
    . . . . . . . .> LIKE employee_internal;
    No rows affected (0.115 seconds)
    ```

- 두 테이블의 로우 개수를 확인한다.

    ```
    jdbc:hive2://> SELECT COUNT(*) AS row_cnt
    . . . . . . . .> FROM empty_ctas_employee;
    +-----------+
    | row_cnt   |
    +-----------+
    | 0         |
    +-----------+
    1 row selected (51.228 seconds)

    jdbc:hive2://> SELECT COUNT(*) AS row_cnt
    . . . . . . . .> FROM empty_like_employee;
    +-----------+
    | row_cnt   |
    +-----------+
    | 0         |
    +-----------+
    1 row selected (41.628 seconds)
    ```

 LIKE 방식은 메타데이터의 중복 때문에, 맵리듀스 작업을 실행하지 않지만, 속도는 빠르다.

- DROP TABLE 문은 메타데이터를 완벽히 삭제하고 데이터를 Trash로 이동한다. Trash가 설정됐다면, Trash 디렉토리로 데이터를 이동한다.

```
jdbc:hive2://> DROP TABLE IF EXISTS empty_ctas_employee;
No rows affected (0.283 seconds)

jdbc:hive2://> DROP TABLE IF EXISTS empty_like_employee;
No rows affected (0.202 seconds)
```

- TRUNCATE TABLE 문은 테이블의 모든 로우를 삭제한다. 해당 테이블은 내부 테이블이어야 한다.

```
jdbc:hive2://> SELECT * FROM cte_employee;
+--------------------+
| cte_employee.name  |
+--------------------+
| Michael            |
| Shelley            |
| Lucy               |
+--------------------+
3 rows selected (0.158 seconds)

jdbc:hive2://> TRUNCATE TABLE cte_employee;
No rows affected (0.093 seconds)

--테이블은 TRUNCATE TABLE 문 실행 이후 비워진다.
jdbc:hive2://> SELECT * FROM cte_employee;
+--------------------+
| cte_employee.name  |
+--------------------+
+--------------------+
No rows selected (0.059 seconds)
```

- 테이블을 변경하기 위해 테이블의 문장을 수정한다.

```
jdbc:hive2://> !table
+-----------+-----------------+-----------+------------------------+
|TABLE_SCHEM|    TABLE_NAME   | TABLE_TYPE| REMARKS                |
+-----------+-----------------+-----------+------------------------+
|default    | employee        | TABLE     | NULL                   |
|default    | employee_internal| TABLE    | This is an internal table |
|default    | employee_external| TABLE    | This is an external table |
|default    | ctas_employee   | TABLE     | NULL                   |
|default    | cte_employee    | TABLE     | NULL                   |
+-----------+-----------------+-----------+------------------------+

jdbc:hive2://> ALTER TABLE cte_employee RENAME TO c_employee;
No rows affected (0.237 seconds)
```

- 테이블의 주석 속성을 변경한다.

```
jdbc:hive2://> ALTER TABLE c_employee
. . . . . . .> SET TBLPROPERTIES ('comment'='New name, comments');
No rows affected (0.239 seconds)

jdbc:hive2://> !table
+-----------+-----------------+-----------+------------------------+
|TABLE_SCHEM|    TABLE_NAME   | TABLE_TYPE| REMARKS                |
+-----------+-----------------+-----------+------------------------+
|default    | employee        | TABLE     | NULL                   |
|default    | employee_internal| TABLE    | This is an internal table |
|default    | employee_external| TABLE    | This is an external table |
|default    | ctas_employee   | TABLE     | NULL                   |
|default    | c_employee      | TABLE     | New name, comments     |
+-----------+-----------------+-----------+------------------------+
```

- SERDEPROPERTIES를 이용해 테이블의 구분자를 변경한다.

```
jdbc:hive2://> ALTER TABLE employee_internal SET
. . . . . . .> SERDEPROPERTIES ('field.delim' = '$');
No rows affected (0.148 seconds)
```

- 테이블의 파일 포맷을 변경한다.

```
jdbc:hive2://> ALTER TABLE c_employee SET FILEFORMAT RCFILE;
No rows affected (0.235 seconds)
```

- HDFS의 전체 URI로 설정해야 할 테이블의 장소를 변경한다.

```
jdbc:hive2://> ALTER TABLE c_employee
. . . . . . .> SET LOCATION
. . . . . . .> 'hdfs://localhost:8020/user/dayongd/employee';
No rows affected (0.169 seconds)
```

- 테이블의 enable/disable 보호 정책을 NO_DROP으로 변경한다. NO_DROP은 테이블 삭제를 방지하는 것이고, OFFINE은 쿼리로부터 테이블의 데이터를 보호하는 것이다(메타데이터는 보호하지 않음).

```
jdbc:hive2://> ALTER TABLE c_employee ENABLE NO_DROP;
jdbc:hive2://> ALTER TABLE c_employee DISABLE NO_DROP;
jdbc:hive2://> ALTER TABLE c_employee ENABLE OFFLINE;
jdbc:hive2://> ALTER TABLE c_employee DISABLE OFFLINE;
```

- 작은 파일을 큰 파일로 병합하기 위해 테이블에 ALTER TABLE 문의 CONCATENATE를 실행한다.

```
--지원하는 파일 포맷으로 변환한다.
jdbc:hive2://> ALTER TABLE c_employee SET FILEFORMAT ORC;
No rows affected (0.160 seconds)


--파일에 CONCATENATE를 실행한다.
jdbc:hive2://> ALTER TABLE c_employee CONCATENATE;
No rows affected (0.165 seconds)


--일반 파일 포맷으로 변환한다.
jdbc:hive2://> ALTER TABLE c_employee SET FILEFORMAT TEXTFILE;
No rows affected (0.143 seconds)
```

CONCATENATE

하이브 0.8.0 버전의 RCFile 포맷은 CONCATENATE 커맨드를 사용해 작은 RCFile을 블록 레벨로 빠르게 병합하기 위해 추가됐다. 하이브 0.14.0 버전부터 ORC 포맷이 추가됐다. CONCATENATE 커맨드를 사용해 작은 ORC 파일은 스트라이프 레벨로 빠르게 병합하기 위해 추가됐다. 기타 파일 포맷은 아직 지원하지 않는다. RCFiles의 경우, 병합은 블록 레벨로 발생하고 ORC 파일은 스트라이프 레벨에서 병합되기 때문에, 압축을 해제하거나 데이터를 디코딩하는 오버헤드를 피할 수 있다. CONCATENATE 커맨드가 수행될 때 맵리듀스가 시작된다.

- 칼럼의 데이터 타입을 변경한다.

```
--변경 전에 칼럼 타입을 확인한다.
jdbc:hive2://> DESC employee_internal;
+----------------+---------------------------+----------+
|    col_name    |         data_type         | comment  |
+----------------+---------------------------+----------+
| employee_name  | string                    |          |
| work_place     | array<string>             |          |
| sex_age        | struct<sex:string,age:int>|          |
| skills_score   | map<string,int>           |          |
| depart_title   | map<string,array<string>> |          |
+----------------+---------------------------+----------+
5 rows selected (0.119 seconds)

--칼럼 타입과 순서를 변경한다.
jdbc:hive2://> ALTER TABLE employee_internal
. . . . . . . .> CHANGE name employee_name string AFTER sex_age;
No rows affected (0.23 seconds)

--변경 사항을 확인한다.
jdbc:hive2://> DESC employee_internal;
+----------------+---------------------------+----------+
|    col_name    |         data_type         | comment  |
+----------------+---------------------------+----------+
| work_place     | array<string>             |          |
| sex_age        | struct<sex:string,age:int>|          |
```

```
| employee_name | string                          |         |
| skills_score  | map<string,int>                 |         |
| depart_title  | map<string,array<string>>       |         |
+---------------+---------------------------------+---------+
5 rows selected (0.214 seconds)
```

- 칼럼의 타입과 순서를 변경한다.

```
jdbc:hive2://> ALTER TABLE employee_internal
. . . . . . .> CHANGE employee_name name string FIRST;
No rows affected (0.238 seconds)
```
--변경 사항을 확인한다.
```
jdbc:hive2://> DESC employee_internal;
+--------------+---------------------------+----------+
|   col_name   |         data_type         | comment  |
+--------------+---------------------------+----------+
| name         | string                    |          |
| work_place   | array<string>             |          |
| sex_age      | struct<sex:string,age:int>|          |
| skills_score | map<string,int>           |          |
| depart_title | map<string,array<string>> |          |
+--------------+---------------------------+----------+
5 rows selected (0.119 seconds)
```

- 칼럼을 추가하고 치환한다.

--테이블에 칼럼을 추가한다.
```
jdbc:hive2://> ALTER TABLE c_employee ADD COLUMNS (work string);
No rows affected (0.184 seconds)
```

--추가된 칼럼을 확인한다.
```
jdbc:hive2://> DESC c_employee;
+----------+-----------+----------+
| col_name | data_type | comment  |
+----------+-----------+----------+
| name     | string    |          |
| work     | string    |          |
+----------+-----------+----------+
2 rows selected (0.115 seconds)
```

```
--모든 칼럼을 치환한다.
jdbc:hive2://> ALTER TABLE c_employee
. . . . . . .> REPLACE COLUMNS (name string);
No rows affected (0.132 seconds)

--치환한 모든 칼럼을 확인한다.
jdbc:hive2://> DESC c_employee;
+-----------+-----------+----------+
| col_name  | data_type | comment  |
+-----------+-----------+----------+
| name      | string    |          |
+-----------+-----------+----------+
1 row selected (0.129 seconds)
```

 ALTER 커맨드는 하이브의 데이터만 변경하는 것이 아니라, 메타데이터만 변경한다.
사용자는 메타데이터의 정의에 맞게 실제 데이터가 잘 구성되는지 수동으로 확인해야
한다.

하이브 파티션

기본적으로 하이브의 간단한 쿼리는 모든 하이브 테이블을 스캔한다. 데이터가
많은 테이블을 쿼리할 때, 성능저하가 발생한다. 하이브 파티션을 생성하면 해당
성능저하 이슈를 해결할 수 있다. 하이브 파티션은 RDBMS의 파티션과 매우 유
사하며, 각 파티션은 미리 정의된 파티션 칼럼에 해당되고 HDFS 테이블의 디렉
토리의 하위 디렉토리에 저장한다. 테이블이 쿼리를 받으면, 테이블 데이터 중 필
요한 파티션(디렉토리)만 쿼리되기 때문에 I/O와 쿼리 시간을 많이 줄일 수 있다.
다음과 같이 하이브 파티션은 테이블이 생성될 때 구현하기가 무척 간단하며, 생
성된 파티션을 확인하기도 매우 쉽다.

```
--테이블을 생성할 때, 파티션을 생성한다.
jdbc:hive2://> CREATE TABLE employee_partitioned
. . . . . . . .> (
. . . . . . . .>    name string,
. . . . . . . .>    work_place ARRAY<string>,
. . . . . . . .>    sex_age STRUCT<sex:string,age:int>,
. . . . . . . .>    skills_score MAP<string,int>,
. . . . . . . .>    depart_title MAP<STRING,ARRAY<STRING>>
. . . . . . . .> )
. . . . . . . .> PARTITIONED BY (Year INT, Month INT)
. . . . . . . .> ROW FORMAT DELIMITED
. . . . . . . .> FIELDS TERMINATED BY '|'
. . . . . . . .> COLLECTION ITEMS TERMINATED BY ','
. . . . . . . .> MAP KEYS TERMINATED BY ':';
No rows affected (0.293 seconds)


--파티션을 확인한다.
jdbc:hive2://> SHOW PARTITIONS employee_partitioned;
+------------+
| partition  |
+------------+
+------------+
No rows selected (0.177 seconds)
```

이전 결과에서 파티션이 자동으로 활성화하지 않았음을 볼 수 있다. 테이블에 파티션을 추가하려면 ALTER TABLE ADD PARTITION을 사용해야 한다. ADD PARTITION 커맨드는 테이블의 메타데이터를 변경하지만 데이터를 바로 읽지 않는다. 데이터가 파티션의 위치에 없다면, 쿼리는 어떤 결과도 리턴하지 않을 것이다. 데이터와 메타데이터를 포함해서 파티션을 삭제하려면 ALTER TABLE DROP PARTITION 문을 다음과 같이 사용한다.

```
--다중 파티션을 추가한다.
jdbc:hive2://> ALTER TABLE employee_partitioned ADD
. . . . . . . .> PARTITION (year=2014, month=11)
. . . . . . . .> PARTITION (year=2014, month=12);
```

```
No rows affected (0.248 seconds)

jdbc:hive2://> SHOW PARTITIONS employee_partitioned;
+--------------------+
|      partition     |
+--------------------+
| year=2014/month=11 |
| year=2014/month=12 |
+--------------------+
2 rows selected (0.108 seconds)

--파티션을 삭제한다.
jdbc:hive2://> ALTER TABLE employee_partitioned
. . . . . . .> DROP IF EXISTS PARTITION (year=2014, month=11);

jdbc:hive2://> SHOW PARTITIONS employee_partitioned;
+--------------------+
|      partition     |
+--------------------+
| year=2014/month=12 |
+--------------------+
1 row selected (0.107 seconds)
```

파티션을 수동으로 추가하지 않으려면, 입력 테이블을 스캔하는 동안 어느 파티션이 생성되고 데이터가 채워지는지 동적으로 결정할 수 있는 동적 파티션 추가(또는 다중 파티션 추가) 구조가 설계되어야 한다. 5장, '데이터 조작'에서 더 상세히 소개한다.

파티션에서 데이터를 적재하거나 덮어쓰기를 하고 싶다면 LOAD 또는 INSERT OVERWRITE 문장을 사용할 수 있다. 해당 문장은 특정 파티션의 데이터를 덮어쓰기만 한다. 파티션 칼럼이 하위 디렉토리의 이름일지라도 결과 집합을 줄이기 위해 SELECT 또는 WHERE 문장에 파티션 칼럼을 쿼리하거나 명세할 수 있다. 다음 단계는 파티션 테이블에 데이터를 적재하는 방법을 보여준다.

- 데이터를 파티션으로 적재한다.

```
jdbc:hive2://> LOAD DATA LOCAL INPATH
. . . . . . . .> '/home/dayongd/Downloads/employee.txt'
. . . . . . . .> OVERWRITE INTO TABLE employee_partitioned
. . . . . . . .> PARTITION (year=2014, month=12);
No rows affected (0.96 seconds)
```

- 적재된 데이터를 검증한다.

```
jdbc:hive2://> SELECT name, year, month FROM employee_partitioned;
+----------+-------+--------+
|   name   | year  | month  |
+----------+-------+--------+
| Michael  | 2014  | 12     |
| Will     | 2014  | 12     |
| Shelley  | 2014  | 12     |
| Lucy     | 2014  | 12     |
+----------+-------+--------+
4 rows selected (37.451 seconds)
```

- 파일 포맷, 위치, 보호, 접합에 대한 ALTER TABLE/PARTITION 문은 ALTER TABLE 문장과 같은 동일한 문법을 가지며 다음과 같다.

```
ALTER TABLE table_name PARTITION partition_spec SET FILEFORMAT file_
format;
ALTER TABLE table_name PARTITION partition_spec SET LOCATION 'full
URI';
ALTER TABLE table_name PARTITION partition_spec ENABLE NO_DROP;
ALTER TABLE table_name PARTITION partition_spec ENABLE OFFLINE;
ALTER TABLE table_name PARTITION partition_spec DISABLE NO_DROP;
ALTER TABLE table_name PARTITION partition_spec DISABLE OFFLINE;
ALTER TABLE table_name PARTITION partition_spec CONCATENATE;
```

하이브 버킷

파티션 외에도 버킷bucket은 쿼리 성능을 최적화하기 위해 데이터 집합을 관리할 수 있는 작은 부분으로 잘게 나누는 또 다른 기술이다. 파티션과 달리 버킷은 HDFS의 파일 세그먼트에 해당된다. 예를 들어, 앞 절의 employee_partitioned 테이블은 연도와 월을 최상위 파티션으로 사용한다. employee_id를 파티션의 세 번째 레벨로 사용하라는 추가 요청이 있다면 많고 작은 파티션과 디렉토리가 생성된다.

예를 들어 employee_id를 버킷 컬럼으로 사용해 employee_partitioned 테이블을 버킷으로 만들 수 있다. 해당 컬럼의 값은 사용자 정의 숫자로 버킷에 해시 처리된다. 동일한 employee_id를 가진 레코드는 항상 동일한 버킷(파일 세그먼트)에 저장된다. 버킷을 사용해 하이브는 샘플링(6장, '데이터 집계와 샘플링'을 참고한다)과 맵 사이드 조인(4장, '데이터 선택과 범위'를 참고한다)을 쉽고 효율적으로 수행할 수 있다. 버킷 테이블을 생성한 예제는 다음과 같다.

```
--버킷 테이블을 구성하기 위해 다른 데이터와 테이블을 준비한다.
jdbc:hive2://> CREATE TABLE employee_id
. . . . . . . .> (
. . . . . . . .>    name string,
. . . . . . . .>    employee_id int,
. . . . . . . .>    work_place ARRAY<string>,
. . . . . . . .>    sex_age STRUCT<sex:string,age:int>,
. . . . . . . .>    skills_score MAP<string,int>,
. . . . . . . .>    depart_title MAP<string,ARRAY<string>>
. . . . . . . .> )
. . . . . . . .> ROW FORMAT DELIMITED
. . . . . . . .> FIELDS TERMINATED BY '|'
. . . . . . . .> COLLECTION ITEMS TERMINATED BY ','
. . . . . . . .> MAP KEYS TERMINATED BY ':';
No rows affected (0.101 seconds)
```

```
jdbc:hive2://> LOAD DATA LOCAL INPATH
. . . . . . . .> '/home/dayongd/Downloads/employee_id.txt'
. . . . . . . .> OVERWRITE INTO TABLE employee_id
No rows affected (0.112 seconds)


--버킷 테이블을 생성한다.
jdbc:hive2://> CREATE TABLE employee_id_buckets
. . . . . . . .> (
. . . . . . . .>    name string,
. . . . . . . .>    employee_id int,
. . . . . . . .>    work_place ARRAY<string>,
. . . . . . . .>    sex_age STRUCT<sex:string,age:int>,
. . . . . . . .>    skills_score MAP<string,int>,
. . . . . . . .>    depart_title MAP<string,ARRAY<string >>
. . . . . . . .> )
. . . . . . . .> CLUSTERED BY (employee_id) INTO 2 BUCKETS
. . . . . . . .> ROW FORMAT DELIMITED
. . . . . . . .> FIELDS TERMINATED BY '|'
. . . . . . . .> COLLECTION ITEMS TERMINATED BY ','
. . . . . . . .> MAP KEYS TERMINATED BY ``':';
No rows affected (0.104 seconds)
```

 버킷 개수

적절한 버킷 개수를 정의하려면 각 버킷에 너무 많거나 적은 데이터를 사용하지 않아야 한다. 좋은 선택은 두 블록으로 설정하는 것이 좋을 수 있다. 예를 들어, 하둡의 블록 크기가 256MB이라면 각 버킷에 512MB의 데이터를 계획할 수 있다. 가능하다면 2^N을 버킷 개수로 사용한다.

버켓은 로드될 데이터를 기반으로 가까운 의존성을 가진다. 데이터를 버킷 테이블에 저장하려면 테이블을 생성할 때 버킷 개수(예, 2)를 설정하거나 다음처럼 버킷을 강제로 적용해야 한다.

```
jdbc:hive2://> set map.reduce.tasks = 2;
No rows affected (0.026 seconds)

jdbc:hive2://> set hive.enforce.bucketing = true;
No rows affected (0.002 seconds)
```

데이터를 버킷 테이블에 저장하려면 일반 테이블에서 작업하는 것처럼 LOAD 키워드를 사용할 수 없다. 그 이유는 LOAD는 메타데이터를 기반으로 데이터를 확인하지 않기 때문이다. 대신 INSERT를 사용해 버킷 테이블에 저장할 수 있다.

```
jdbc:hive2://> INSERT OVERWRITE TABLE employee_id_buckets
 . . . . . . .> SELECT * FROM employee_id;
No rows affected (75.468 seconds)

--HDFS에 버킷을 확인한다.
-bash-4.1$ hdfs dfs -ls /user/hive/warehouse/employee_id_buckets
Found 2 items
-rwxrwxrwx   1 hive hive        900 2014-11-02 10:54
  /user/hive/warehouse/employee_id_buckets/000000_0
-rwxrwxrwx   1 hive hive        582 2014-11-02 10:54
  /user/hive/warehouse/employee_id_buckets/000001_0
```

하이브 뷰

하이브의 뷰는 조인join, 서브 쿼리subquery, 데이터 필터, 데이터 평탄화와 같은 복잡성을 숨겨서 쿼리를 간단히 만들기 위해 사용되는 논리적인 데이터 구조다. 일부 RDBMS와는 다르게, 하이브 뷰는 데이터를 저장하거나 실체화된 데이터가 없다. 하이브 뷰가 생성되자마자 뷰의 스키마가 즉시 고정된다. 이후 기본 테이블(예를 들어, 칼럼 추가)의 변경한 내용이 뷰의 스키마에 반영되지 않는다. 기본 테이블이 삭제되고 변경되면, 인식 불가능한 뷰의 모든 쿼리 시도는 다음과 같이 실패한다.

```
jdbc:hive2://> CREATE VIEW employee_skills
. . . . . . .> AS
. . . . . . .> SELECT name, skills_score['DB'] AS DB,
. . . . . . .> skills_score['Perl'] AS Perl,
. . . . . . .> skills_score['Python'] AS Python,
. . . . . . .> skills_score['Sales'] as Sales,
. . . . . . .> skills_score['HR'] as HR
. . . . . . .> FROM employee;
No rows affected (0.253 seconds)
```

뷰를 생성할 때, 메타데이터만 변경되기 때문에 맵리듀스 작업은 전혀 실행되지 않는다. 하지만, 뷰를 쿼리할 때 적절한 맵리듀스 잡이 실행될 수 있다. 뷰를 생성한 CREATE VIEW 문을 출력하려면 SHOW CREATE TABLE이나 DESC FORMATTED TABLE을 사용하라. 다음은 하이브 뷰 DDL에 대한 내용이다.

- 뷰의 속성을 변경한다.

  ```
  jdbc:hive2://> ALTER VIEW employee_skills
  . . . . . . .> SET TBLPROPERTIES ('comment' = 'This is a view');
  No rows affected (0.19 seconds)
  ```

- 뷰를 재정의한다.

  ```
  jdbc:hive2://> ALTER VIEW employee_skills AS
  . . . . . . .> SELECT * from employee ;
  No rows affected (0.17 seconds)
  ```

- 뷰를 삭제한다.

  ```
  jdbc:hive2://> DROP VIEW employee_skills;
  No rows affected (0.156 seconds)
  ```

요약

3장의 내용을 충분히 이해했다면, 하이브의 데이터 타입을 정의하고 사용할 수 있을 것이다. 3장에서는 하이브의 테이블, 파티션, 뷰를 생성, 변경, 삭제하는 방법과 하이브의 외부 테이블, 내부 테이블, 파티션, 버킷, 뷰를 사용하는 방법을 설명했다.

다음 4장에서는 하이브의 데이터를 쿼리하는 상세한 내용을 살펴본다.

4

데이터 선택과 범위

4장에서는 데이터를 쿼리하고, 연결하고, 그 범위를 제한함으로써 데이터를 찾는 방법에 대해 설명한다. 또한, 데이터 집합으로 작업하게 될 하이브의 SELECT, WHERE, LIMIT, JOIN, UNION ALL 문법과 사용법을 주로 다룬다.

4장에서는 다음 주제를 다룬다.

- SELECT 문
- 일반적인 JOIN 문
- 특수 JOIN(MAPJOIN) 문
- 집합 명령 문(UNION ALL)

SELECT 문

하이브를 사용한 일반적인 예제로는 하둡에 있는 데이터를 쿼리하는 것이다. 이렇게 하려면 SELECT 문을 작성하고 실행해야 한다. SELECT 문으로 실행하는 일반적인 작업은 대상 테이블 뒤에 WHERE 절에서 명세해 쿼리 조건에 일치하는 로우를 보여주고, 해당 결과 집합을 리턴한다. SELECT 문은 종종 FROM, DISTINCT, WHERE, LIMIT 키워드와 함께 사용된다. 다음 예제를 통해 관련 내용을 소개하겠다.

SELECT * 문은 테이블의 모든 칼럼을 선택했음을 의미한다. 기본적으로 중복된 로우를 포함해 모든 로우를 리턴한다. DISTINCT 키워드를 사용하면 테이블의 유일한 값만 리턴된다. LIMIT 키워드는 랜덤하게 리턴된 로우의 개수를 제한하는 데 사용된다. 추가적으로 SELECT *는 맵리듀스 작업을 실행하지 않고 모든 테이블/파일을 스캔하기 때문에, SELECT <column_name> 문보다 빠르다. 하이브 0.10.0 버전부터 SELECT <column_name> FROM <table_name> LIMIT n과 같은 간단한 SELECT 문장은 맵리듀스 작업을 실행하지 못할 수 있다. hive.fetch.task.conversion = more로 설정하면 하이브의 패치 작업을 변환할 수 있다.

다음 작업을 실행한다.

- 테이블의 모든 칼럼 또는 특정 칼럼을 질의한다.

```
jdbc:hive2://> SELECT * FROM employee;
+-------+----------------+----------+---------------+----------------------------+
| name  |   work_place   | sex_age  | skills_score  |        depart_title        |
+-------+----------------+----------+---------------+----------------------------+
|Michael|[Montreal,Toronto]|[Male,30] |{DB=80}        |{Product=[Developer,Lead]}  |
|Will   |[Montreal]      |[Male,35] |{Perl=85}      |{Test=[Lead],Product=[Lead]}|
|Shelley|[New York]      |[Female,27]|{Python=80}   |{Test=[Lead],COE=[Architect]}|
|Lucy   |[Vancouver]     |[Female,57]|{Sales=89,HR=94}|{Sales=[Lead]}             |
+-------+----------------+----------+---------------+----------------------------+
4 rows selected (0.677 seconds)

jdbc:hive2://> SELECT name FROM employee;
+----------+
|   name   |
+----------+
| Michael  |
```

```
| Will    |
| Shelley |
| Lucy    |
+---------+
4 rows selected (162.452 seconds)
```

- 특정 칼럼의 유일한 값을 얻는다.

```
jdbc:hive2://> SELECT DISTINCT name FROM employee LIMIT 2;
+---------+
|  name   |
+---------+
| Lucy    |
| Michael |
+---------+
2 rows selected (71.125 seconds)
```

- 패치를 활성화하고, 성능이 개선되었는지 확인한다.

```
jdbc:hive2://> SET hive.fetch.task.conversion=more;
No rows affected (0.002 seconds)

jdbc:hive2://> SELECT name FROM employee;
+---------+
|  name   |
+---------+
| Michael |
| Will    |
| Shelley |
| Lucy    |
+---------+
4 rows selected (0.242 seconds)
```

게다가 LIMIT, WHERE은 리턴한 결과 집합을 제한할 수 있는 일반적인 조건절이다. WHERE 조건은 불린 표현식 또는 테이블, 파티션 칼럼을 비교하는 사용자 정의 함수가 될 수 있다.

```
jdbc:hive2://> SELECT name, work_place FROM employee
. . . . . . . .> WHERE name = 'Michael';
```

```
+----------+-----------------------+
|  name    |      work_place       |
+----------+-----------------------+
| Michael  | ["Montreal","Toronto"]|
+----------+-----------------------+
1 row selected (38.107 seconds)
```

다중 SELECT 문은 JOIN, UNION과 같은 중첩 또는 서브 쿼리를 사용해 복잡한 질의를 생성할 수 있다. 다음은 중첩/서브 쿼리를 사용할 수 있는 일부 예제다. 서브 쿼리를 FROM 또는 WHERE 문 뒤에 WITH 형식(하이브 0.13.0 버전부터 CTE에서도 사용할 수 있다)에서 사용할 수 있다. 서브 쿼리를 사용할 때, 서브 쿼리에 대한 앨리어스를 사용해야 한다(다음 예제의 t1을 보라). 만약 앨리어스를 사용하지 않으면 하이브는 예외를 알린다. SELECT 문의 사용 예제는 다음과 같다.

- 중첩 SELECT를 CTE를 사용해 다음과 같이 구현할 수 있다.

```
jdbc:hive2://> WITH t1 AS (
. . . . . . .> SELECT * FROM employee
. . . . . . .> WHERE sex_age.sex = 'Male')
. . . . . . .> SELECT name, sex_age.sex AS sex FROM t1;
+----------+-------+
|   name   |  sex  |
+----------+-------+
| Michael  | Male  |
| Will     | Male  |
+----------+-------+
2 rows selected (38.706 seconds)
```

- FROM 문 뒤에 중첩 SELECT를 다음과 같이 구현할 수 있다.

```
jdbc:hive2://> SELECT name, sex_age.sex AS sex
. . . . . . .> FROM
. . . . . . .> (
. . . . . . .>   SELECT * FROM employee
. . . . . . .>   WHERE sex_age.sex = 'Male'
. . . . . . .> ) t1;
```

```
+----------+-------+
|   name   |  sex  |
+----------+-------+
| Michael  | Male  |
| Will     | Male  |
+----------+-------+
2 rows selected (48.198 seconds)
```

WHERE 절의 서브 쿼리는 다음처럼 IN, NOT IN, EXIST, NOT EXIST를 사용할 수 있다. WHERE 조건에서 앨리어스(employee 테이블에서 다음 예제를 본다)가 칼럼 이름 앞에 명세되지 않으면, 하이브는 'Correlating expression cannot contain unqualified column references'라는 에러가 발생할 것이다. 이것은 하이브 서브 쿼리의 한계다. EXIST 또는 NOT EXIST를 사용하는 서브 쿼리는 내부와 외부 표현식을 참조해야 한다. 뒷부분에서 소개할 JOIN 테이블과 유사하며, IN과 NOT IN 절에서는 해당 방식을 지원하지 않는다.

```
jdbc:hive2://> SELECT name, sex_age.sex AS sex
. . . . . . . .> FROM employee a
. . . . . . . .> WHERE a.name IN
. . . . . . . .> (SELECT name FROM employee
. . . . . . . .> WHERE sex_age.sex = 'Male'
. . . . . . . .> );
+----------+-------+
|   name   |  sex  |
+----------+-------+
| Michael  | Male  |
| Will     | Male  |
+----------+-------+
2 rows selected (54.644 seconds)

jdbc:hive2://> SELECT name, sex_age.sex AS sex
. . . . . . . .> FROM employee a
. . . . . . . .> WHERE EXISTS
. . . . . . . .> (SELECT * FROM employee b
```

```
. . . . . . . .> WHERE a.sex_age.sex = b.sex_age.sex
. . . . . . . .> AND b.sex_age.sex = 'Male'
. . . . . . . .> );
+----------+-------+
|   name   |  sex  |
+----------+-------+
| Michael  | Male  |
| Will     | Male  |
+----------+-------+
2 rows selected (69.48 seconds)
```

WHERE 절에 사용된 서브 쿼리에는 추가적인 제한이 존재한다.

- 서브 쿼리는 WHERE 절의 오른쪽 부분에 위치해야만 한다.
- 중첩 서브 쿼리를 사용할 수 없다.
- IN과 NOT IN 문은 하나의 칼럼만 지원한다.

INNER JOIN 문

하이브의 JOIN은 2 개 이상의 테이블을 합치기 위해 사용된다. 하이브는 JOIN,
LEFT OUTER JOIN, RIGHT OUTER JOIN, FULL OUTER JOIN, CROSS JOIN과 같은
RDBMS의 JOIN 명령을 지원한다. 그러나 하이브에서 비등가 JOIN을 맵리듀스 작
업으로 변환하기 어렵기 때문에, 하이브는 비등가 JOIN 대신 등가 JOIN만 지원
한다.

하이브의 INNER JOIN은 왼쪽과 오른쪽 테이블에서 JOIN 조건에 부합하는 로우를
리턴하는 JOIN 키워드를 사용한다. 하이브 0.13.0 버전부터 콤마로 구분된 테이
블을 사용하면 INNER JOIN 키워드를 생략할 수 있다. 하이브의 다양한 JOIN 문에
대한 다음 예제를 보자.

- 조인할 테이블을 준비하고, 데이터를 적재한다.

```
jdbc:hive2://> CREATE TABLE IF NOT EXISTS employee_hr
. . . . . . . .> (
. . . . . . .>    name string,
. . . . . . .>    employee_id int,
. . . . . . .>    sin_number string,
. . . . . . .>    start_date date
. . . . . . .> )
. . . . . . .> ROW FORMAT DELIMITED
. . . . . . .> FIELDS TERMINATED BY '|'
. . . . . . .> STORED AS TEXTFILE;
No rows affected (1.732 seconds)


jdbc:hive2://> LOAD DATA LOCAL INPATH
. . . . . . .> '/home/Dayongd/employee_hr.txt'
. . . . . . .> OVERWRITE INTO TABLE employee_hr;
No rows affected (0.635 seconds)
```

- 등가 JOIN 조건으로 두 테이블 간의 JOIN을 수행한다.

```
jdbc:hive2://> SELECT emp.name, emph.sin_number
. . . . . . .> FROM employee emp
. . . . . . .> JOIN employee_hr emph ON emp.name = emph.name;
+-----------+------------------+
| emp.name  | emph.sin_number  |
+-----------+------------------+
| Michael   | 547-968-091      |
| Will      | 527-948-090      |
| Lucy      | 577-928-094      |
+-----------+------------------+
3 rows selected (71.083 seconds)
```

- 여러 테이블 간의 JOIN을 다음과 같이 사용할 수 있다(예제에서는 테이블 3개를 사용).

```
jdbc:hive2://> SELECT emp.name, empi.employee_id, emph.sin_number
. . . . . . .> FROM employee emp
. . . . . . .> JOIN employee_hr emph ON emp.name = emph.name
```

```
. . . . . . . .> JOIN employee_id empi ON emp.name = empi.name;
```

emp.name	empi.employee_id	emph.sin_number
Michael	100	547-968-091
Will	101	527-948-090
Lucy	103	577-928-094

```
3 rows selected (67.933 seconds)
```

- 셀프 조인self join은 한 테이블이 자신과 조인하는 특수한 JOIN이다. 셀프 조인을 수행할 때, 동일 테이블과 구별하기 위해 여러 앨리어스를 사용한다.

```
jdbc:hive2://> SELECT emp.name
. . . . . . .> FROM employee emp
. . . . . . .> JOIN employee emp_b
. . . . . . .> ON emp.name = emp_b.name;
```

emp.name
Michael
Will
Shelley
Lucy

```
4 rows selected (59.891 seconds)
```

- 암묵적 조인은 JOIN 키워드 없는 JOIN 명령이다. 하이브 0.13.0 버전부터 지원한다.

```
jdbc:hive2://> SELECT emp.name, emph.sin_number
. . . . . . .> FROM employee emp, employee_hr emph
. . . . . . .> WHERE emp.name = emph.name;
```

emp.name	emph.sin_number
Michael	547-968-091
Will	527-948-090

```
| Lucy       | 577-928-094      |
+-----------+------------------+
3 rows selected (47.241 seconds)
```

- JOIN 명령은 조인 조건에 여러 칼럼을 사용하고 추가적인 맵리듀스 작업을 생성한다.

```
jdbc:hive2://> SELECT emp.name, empi.employee_id, emph.sin_number
. . . . . . .> FROM employee emp
. . . . . . .> JOIN employee_hr emph ON emp.name = emph.name
. . . . . . .> JOIN employee_id empi ON emph.employee_id = empi.
employee_id;
+-----------+------------------+------------------+
| emp.name  | empi.employee_id | emph.sin_number  |
+-----------+------------------+------------------+
| Michael   | 100              | 547-968-091      |
| Will      | 101              | 527-948-090      |
| Lucy      | 103              | 577-928-094      |
+-----------+------------------+------------------+
3 rows selected (49.785 seconds)
```

 조인 조건절에서 여러 칼럼에 JOIN을 사용하면, 하이브는 조인을 완료하기 위해 추가 작업 스테이지(stage)를 요청한다. 조인 조건절에서 동일 칼럼에 JOIN 명령을 사용한다면, 하이브는 작업 스테이지를 사용해 조인한다.

여러 테이블 간의 조인을 수행할 때, HDFS의 데이터를 처리하기 위해 맵리듀스 작업이 생성된다. 각 작업은 스테이지^{stage}라 부른다. 종종 더 좋은 성능을 내고, 메모리 부족$^{OOM, Out Of Memory}$을 피하기 위해 끝에 큰 테이블을 JOIN 문 오른쪽에 두는 것을 추천한다. 왜냐하면, 기본적으로 JOIN 문의 테이블이 리듀서의 버퍼에 쌓이는데, 여러 JOIN 문의 마지막 테이블이 리듀서를 통해 스트림되기 때문이다. 또한 /*+STREAMTABLE (table_name)*/와 같은 힌트를 명세해 어느 테이블이 스트림될지 다음과 같이 명세할 수 있다.

```
jdbc:hive2://> SELECT /*+ STREAMTABLE(employee_hr) */
. . . . . . . . .> emp.name, empi.employee_id, emph.sin_number
. . . . . . . . .> FROM employee emp
. . . . . . . . .> JOIN employee_hr emph ON emp.name = emph.name
. . . . . . . . .> JOIN employee_id empi ON emph.employee_id = empi.employee_id;
```

OUTER JOIN과 CROSS JOIN

하이브는 INNER JOIN 외에 일반적인 OUTER JOIN과 FULL JOIN도 지원한다. 언급된 조인 기능은 RDBMS와 동일하다. 다음 표에 JOIN 타입 간의 비교를 요약했다.

JOIN 타입	로직	리턴된 로우 (table_m은 m개의 로우를 가지고, table_n은 n개의 로우를 가진다고 가정한다)
table_m JOIN table_n	두 테이블에서 일치하는 모든 로우를 리턴한다.	m ∩ n
table_m LEFT [OUTER] JOIN table_n	왼쪽 테이블의 모든 로우와 오른쪽 테이블에서 일치하는 로우를 리턴한다. 오른쪽 테이블에 일치하는 로우가 없다면 오른쪽 테이블에서 null을 리턴한다.	m
table_m RIGHT [OUTER] JOIN table_n	오른쪽 테이블의 모든 로우와 왼쪽 테이블에서 일치하는 로우를 리턴한다. 왼쪽 테이블에서 일치하는 로우가 없다면 왼쪽 테이블에서 null을 리턴한다.	n
table_m FULL [OUTER] JOIN table_n	두 테이블의 모든 로우와 두 테이블의 일치하는 로우를 리턴한다. 왼쪽 테이블 또는 오른쪽 테이블에 일치하는 로우가 없다면 null을 리턴한다.	m + n − m ∩ n
table_m CROSS JOIN table_n	카테시안 곱(Cartesian product)을 만들기 위해 두 테이블에 모든 로우를 조합한 후, 조합한 로우를 리턴한다.	m * n

다음 예제는 OUTER JOIN을 보여준다.

```
jdbc:hive2://> SELECT emp.name, emph.sin_number
. . . . . . . .> FROM employee emp
. . . . . . . .> LEFT JOIN employee_hr emph ON emp.name = emph.name;
+-----------+------------------+
| emp.name  | emph.sin_number  |
+-----------+------------------+
| Michael   | 547-968-091      |
| Will      | 527-948-090      |
| Shelley   | NULL             |
| Lucy      | 577-928-094      |
+-----------+------------------+
4 rows selected (39.637 seconds)

jdbc:hive2://> SELECT emp.name, emph.sin_number
. . . . . . . .> FROM employee emp
. . . . . . . .> RIGHT JOIN employee_hr emph ON emp.name = emph.name;
+-----------+------------------+
| emp.name  | emph.sin_number  |
+-----------+------------------+
| Michael   | 547-968-091      |
| Will      | 527-948-090      |
| NULL      | 647-968-598      |
| Lucy      | 577-928-094      |
+-----------+------------------+
4 rows selected (34.485 seconds)

jdbc:hive2://> SELECT emp.name, emph.sin_number
. . . . . . . .> FROM employee emp
. . . . . . . .> FULL JOIN employee_hr emph ON emp.name = emph.name;
+-----------+------------------+
| emp.name  | emph.sin_number  |
+-----------+------------------+
| Lucy      | 577-928-094      |
| Michael   | 547-968-091      |
| Shelley   | NULL             |
```

```
| NULL      | 647-968-598      |
| Will      | 527-948-090      |
+-----------+------------------+
5 rows selected (64.251 seconds)
```

하이브 0.10.0 버전부터 사용할 수 있는 CROSS JOIN 문은 JOIN 조건이 없다. CROSS JOIN 문은 조건이 없거나, 1 = 1과 같이 항상 true가 되는 조건을 사용할 수도 있다. CROSS JOIN을 사용하는 다음 세 가지 쿼리의 결과는 동일하다.

```
jdbc:hive2://> SELECT emp.name, emph.sin_number
. . . . . . . .> FROM employee emp
. . . . . . . .> CROSS JOIN employee_hr emph;

jdbc:hive2://> SELECT emp.name, emph.sin_number
. . . . . . . .> FROM employee emp
. . . . . . . .> JOIN employee_hr emph;

jdbc:hive2://> SELECT emp.name, emph.sin_number
. . . . . . . .> FROM employee emp
. . . . . . . .> JOIN employee_hr emph on 1=1;

+-----------+------------------+
| emp.name  | emph.sin_number  |
+-----------+------------------+
| Michael   | 547-968-091      |
| Michael   | 527-948-090      |
| Michael   | 647-968-598      |
| Michael   | 577-928-094      |
| Will      | 547-968-091      |
| Will      | 527-948-090      |
| Will      | 647-968-598      |
| Will      | 577-928-094      |
| Shelley   | 547-968-091      |
| Shelley   | 527-948-090      |
| Shelley   | 647-968-598      |
| Shelley   | 577-928-094      |
| Lucy      | 547-968-091      |
```

```
| Lucy      | 527-948-090      |
| Lucy      | 647-968-598      |
| Lucy      | 577-928-094      |
+-----------+------------------+
16 rows selected (34.924 seconds)
```

게다가 JOIN은 항상 WHERE보다 앞서 실행된다. 가능하면, JOIN 뒤에서 결과 집합을 필터링하는 WHERE 절보다 JOIN 조건과 같은 조건문을 앞에 두도록 한다. JOIN은 교환 법칙이 성립되지 않는다는 것과 LEFT JOIN 또는 RIGHT JOIN이든 항상 왼쪽에 연관이 있다는 것을 염두한다.

비록 하이브가 비등가 JOIN을 명시적으로 지원하지 않지만, CROSS JOIN과 WHERE 조건을 사용한 해결 방법을 다음 예제에서 확인할 수 있다.

```
jdbc:hive2://> SELECT emp.name, emph.sin_number
. . . . . . .> FROM employee emp
. . . . . . .> JOIN employee_hr emph ON emp.name <> emph.name;

Error: Error while compiling statement: FAILED: SemanticException [Error
10017]: Line 1:77 Both left and right aliases encountered in JOIN 'name'
(state=42000,code=10017)

jdbc:hive2://> SELECT emp.name, emph.sin_number
. . . . . . .> FROM employee emp
. . . . . . .> CROSS JOIN employee_hr emph WHERE emp.name <> emph.name;
+-----------+------------------+
| emp.name  | emph.sin_number  |
+-----------+------------------+
| Michael   | 527-948-090      |
| Michael   | 647-968-598      |
| Michael   | 577-928-094      |
| Will      | 547-968-091      |
| Will      | 647-968-598      |
| Will      | 577-928-094      |
| Shelley   | 547-968-091      |
| Shelley   | 527-948-090      |
| Shelley   | 647-968-598      |
```

```
| Shelley   | 577-928-094      |
| Lucy      | 547-968-091      |
| Lucy      | 527-948-090      |
| Lucy      | 647-968-598      |
+-----------+------------------+
13 rows selected (35.016 seconds)
```

특수 조인: MAPJOIN

MAPJOIN 문은 리듀스 작업없이 맵 작업만 수행하는 JOIN 명령을 의미한다.
MAPJOIN 문은 작은 테이블에서 모든 테이블에서 모든 데이터를 읽고 모든 맵에
전파한다. 맵을 수행하는 동안 JOIN 명령은 큰 테이블의 모든 로우 데이터를 작은
테이블의 모든 로우 데이터와 조인 조건으로 비교한다. 리듀스가 필요 없기 때
문에, JOIN 성능은 개선된다. hive.auto.convert.join 설정이 true일 때, 하이브
는 맵 조인의 힌트를 확인하는 대신, 가능하면 런타임 시 JOIN을 MAPJOIN으로 자
동 변환한다. MAPJOIN과 WHERE 가 맵 단계에서 실행되기 때문에 MAPJOIN은 성능
을 개선하기 위해서 비등가 조인에 사용될 수 있다. 다음은 쿼리 힌트가 포함된
MAPJOIN 예제다.

```
jdbc:hive2://> SELECT /*+ MAPJOIN(employee) */ emp.name, emph.sin_number
. . . . . . . .> FROM employee emp
. . . . . . . .> CROSS JOIN employee_hr emph WHERE emp.name <> emph.name;
```

MAPJOIN은 다음을 지원하지 않는다.

* UNION ALL, LATERAL VIEW, GROUP BY/JOIN/SORT BY/CLUSTER BY/DISTRIBUTE BY
  뒤에서 MAPJOIN에 사용하기
* UNION, JOIN, 다른 MAPJOIN 앞에서 MAPJOIN에 사용하기

버킷 맵 조인^{Bucket Map Join}은 조인 조건절에서 버킷 칼럼(CREATE TABLE 문에서
CLUSTERED BY로 명세하는 칼럼)을 사용하는 MAPJOIN의 특별한 타입이다. 일반 맵

조인을 사용하는 것처럼 테이블의 전체 로우를 얻는 대신, 버킷 맵은 필요한 버킷 데이터만 맵 조인을 수행한다. 버킷 맵 조인을 활성화하려면 `hive.optimize.bucketmapjoin` = true로 설정하고, 버킷 개수가 배수인지 확인해야 한다. 조인된 두 테이블이 동일한 버킷 수로 정렬되고 버킷된다면, 메모리에 모든 작은 테이블을 캐싱하는 대신 정렬-병합^{sort-merge} 조인이 수행된다. 이런 동작을 수행하게 하려면 다음 설정을 추가해야 한다.

```
SET hive.optimize.bucketmapjoin = true;
SET hive.optimize.bucketmapjoin.sortedmerge = true;
SET hive.input.format=org.apache.hadoop.hive.ql.io.
BucketizedHiveInputFormat;
```

또한 LEFT SEMI JOIN 문은 MAPJOIN 타입 중 하나다. 하이브는 다음 예제에 보여준 것과 같은 요청을 구현하도록 IN/EXIST, LEFT SEMI JOIN을 지원한다. LEFT SEMI JOIN 사용에 대한 제약사항은 오른쪽 테이블은 WHERE 또는 SELECT 절이 아닌 조인 조건에서 참조해야만 한다.

```
jdbc:hive2://> SELECT a.name
. . . . . . . .> FROM employee a
. . . . . . . .> WHERE EXISTS
. . . . . . . .> (SELECT * FROM employee_id b
. . . . . . . .> WHERE a.name = b.name);


jdbc:hive2://> SELECT a.name
. . . . . . . .> FROM employee a
. . . . . . . .> LEFT SEMI JOIN employee_id b
. . . . . . . .> ON a.name = b.name;
+----------+
| a.name   |
+----------+
| Michael  |
| Will     |
| Shelley  |
| Lucy     |
```

```
+----------+
4 rows selected (35.027 seconds)
```

집합 명령: UNION ALL

결과 집합을 수직적으로 관리하려면 UNION ALL만 사용할 수 있다. 그리고 UNION ALL의 결과에 중복이 발생하더라도 그대로 중복을 유지한다. 하이브 0.13.0 버전 이전에는 UNION ALL은 서브 쿼리에서만 사용할 수 있었지만, 하이브 0.13.0 버전 부터 UNION ALL은 상위 쿼리에서도 사용할 수 있다. 다음은 UNION ALL 문에 대한 예제다.

- employee_hr과 employee 테이블의 name 칼럼을 확인한다.

  ```
  jdbc:hive2://> SELECT name FROM employee_hr;
  +----------+
  |   name   |
  +----------+
  | Michael  |
  | Will     |
  | Steven   |
  | Lucy     |
  +----------+
  4 rows selected (0.116 seconds)

  jdbc:hive2://> SELECT name FROM employee;
  +----------+
  |   name   |
  +----------+
  | Michael  |
  | Will     |
  | Shelley  |
  | Lucy     |
  +----------+
  4 rows selected (0.049 seconds)
  ```

- 두 테이블의 name 칼럼에 중복을 포함하는 UNION을 사용한다.

```
jdbc:hive2://> SELECT a.name
. . . . . . . .> FROM employee a
. . . . . . . .> UNION ALL
. . . . . . . .> SELECT b.name
. . . . . . . .> FROM employee_hr b;
+-----------+
| _u1.name  |
+-----------+
| Michael   |
| Will      |
| Shelley   |
| Lucy      |
| Michael   |
| Will      |
| Steven    |
| Lucy      |
+-----------+
8 rows selected (39.93 seconds)
```

UNION, INTERSECTION, MINUS 커맨드처럼 기존 RDBMS가 지원하는 집합 명령을 WHERE 조건에 SELECT와 함께 사용할 수 있다.[1]

- 두 테이블 간 중복 없는 UNION을 구현한다.

```
jdbc:hive2://> SELECT DISTINCT name
. . . . . . . .> FROM
. . . . . . . .> (
. . . . . . . .>     SELECT a.name AS name
. . . . . . . .>     FROM employee a
. . . . . . . .>     UNION ALL
. . . . . . . .>     SELECT b.name AS name
. . . . . . . .>     FROM employee_hr b
. . . . . . . .> ) union_set;
+----------+
```

---

1 UNION, INTERSECTION, MINUS 커맨드는 RDBMS에서 테이블 간의 합집합, 교집합, 차집합을 사용하기 위해 사용됐다. – 옮긴이

```
|   name   |
+----------+
| Lucy     |
| Michael  |
| Shelley  |
| Steven   |
| Will     |
+----------+
5 rows selected (100.366 seconds)
```

 앞 예제에서 하이브 문법 에러를 방지하려면 union_set와 같은 서브 쿼리에 앨리어스
를 사용해야 한다.

- employee 테이블은 JOIN을 사용해 employee_hr에 INTERSECTION을 구현한다.

```
jdbc:hive2://> SELECT a.name
. . . . . . .> FROM employee a
. . . . . . .> JOIN employee_hr b
. . . . . . .> ON a.name = b.name;
+----------+
|  a.name  |
+----------+
| Michael  |
| Will     |
| Lucy     |
+----------+
3 rows selected (44.862 seconds)
```

- employee 테이블은 OUTER JOIN을 사용해 employee_hr에 MINUS를 구현한다.

```
jdbc:hive2://> SELECT a.name
. . . . . . .> FROM employee a
. . . . . . .> LEFT JOIN employee_hr b
. . . . . . .> ON a.name = b.name
. . . . . . .> WHERE b.name IS NULL;
```

```
+----------+
|  a.name  |
+----------+
| Shelley  |
+----------+
1 row selected (36.841 seconds)
```

요약

4장에서는 필요한 데이터를 찾는 SELECT 문의 사용 방법을 배웠다. 그리고 JOIN 또는 UNION ALL을 사용해 수직적 또는 수평적인 방향에서 여러 데이터 집합을 모을 수 있는 하이브 명령어를 소개했다. 4장을 충분히 학습했다면, 여러 WHERE 조건, LIMIT, DISTINCT, 복잡한 서브 쿼리로도 SELECT 문을 사용할 수 있을 것이다. 또한, 수평적으로 데이터 집합을 합치기 위해 여러 JOIN 문을 사용할 수 있고, 수직적으로 데이터 집합을 합치기 위해 UNION ALL도 이해하고 사용할 수 있을 것이다.

5장에서는 하이브의 트랜잭션뿐 아니라 교환, 순서, 변형에 대한 상세한 내용을 다룬다.

5

데이터 조작

데이터를 조작하는 능력은 빅데이터 분석에서 매우 중요한 기능으로 데이터를 교환, 이동, 정렬, 변환하는 과정이다. 이 기술은 데이터 삭제, 패턴 검색, 트렌드 추가 등 다양한 상황에서 사용된다. 하이브는 데이터를 조작할 수 있는 다양한 쿼리 문, 키워드, 연산자, 함수를 제공한다.

5장에서는 다음 주제를 다룬다.

- LOAD, INSERT, IMPORT, EXPORT를 사용한 데이터 교환
- ORDER와 SORT
- 연산자와 함수
- 트랜잭션

데이터 교환: LOAD

하이브에서 데이터를 이동시키려면 LOAD 키워드를 사용한다. 여기서 '이동'이라는 의미는 원본 데이터를 대상 테이블 또는 파티션으로 옮긴다는 것이고, 원본데이터가 있던 저장소에는 원본 데이터가 더 이상 존재하지 않음을 의미한다. 다음은 로컬 또는 HDFS 파일에서 하이브 테이블 또는 파티션으로 데이터 옮기는방법을 설명한 예제다. LOCAL 키워드는 장비에서 파일이 어디에 위치하는지 명세한다. LOCAL 키워드를 명세하지 않으면, 기본적으로 INPATH의 뒷부분 또는 하이브의 fs.default.name 프로퍼티에 명세된 전체 URI^Uniform Resource Identifier를 로드한다. INPATH 뒤에 명세하는 경로는 상대적인 경로나 절대적인 경로다. 경로는 로드 될특정 파일이나 특정 폴더를 지정할 수 있지만, 명세된 경로에 하위 폴더를 사용할 수 없다. 데이터를 파티션 테이블로 로드하려면 파티션 칼럼을 명세해야 한다. OVERWRITE 키워드는 대상 테이블/파티션의 기본 데이터에 추가할지 또는 교체할지 여부를 결정할 때 쓴다.

다음은 파일을 하이브 테이블로 로드하는 예제다.

- 로컬 데이터를 하이브 테이블로 로드한다.

  ```
  jdbc:hive2://> LOAD DATA LOCAL INPATH
  . . . . . . .> '/home/dayongd/Downloads/employee_hr.txt'
  . . . . . . .> OVERWRITE INTO TABLE employee_hr;
  No rows affected (0.436 seconds)
  ```

- 로컬 데이터를 하이브 파티션으로 로드한다.

  ```
  jdbc:hive2://> LOAD DATA LOCAL INPATH
  . . . . . . .> '/home/dayongd/Downloads/employee.txt'
  . . . . . . .> OVERWRITE INTO TABLE employee_partitioned
  . . . . . . .> PARTITION (year=2014, month=12);
  No rows affected (0.772 seconds)
  ```

- 기본 시스템 경로를 사용해 HDFS 데이터를 하이브 테이블로 로드한다.

  ```
  jdbc:hive2://> LOAD DATA INPATH
  . . . . . . .> '/user/dayongd/employee/employee.txt'
  ```

```
. . . . . . .> OVERWRITE INTO TABLE employee;
No rows affected (0.453 seconds)
```

- HDFS 데이터를 전체 URI가 있는 하이브 테이블로 로드한다.

```
jdbc:hive2://> LOAD DATA INPATH
. . . . . . .> 'hdfs://[dfs_host]:8020/user/dayongd/employee/employee.txt'
. . . . . . .> OVERWRITE INTO TABLE employee;
No rows affected (0.297 seconds)
```

데이터 교환: INSERT

하이브 테이블/파티션에서 데이터를 추출하기 위해 INSERT 키워드를 사용할 수 있다. RDBMS와 같이 하이브는 다른 테이블에서 데이터를 선택해 데이터를 추가할 수 있다.

기존 데이터를 기반으로 테이블을 생성하는 것은 매우 일반적인 방법이다. 하이브의 INSERT 문은 관계형 데이터베이스의 INSERT 문과 동일한 문법이다. 하지만, 하이브는 파일에 INSERT를 사용하는 것 뿐 아니라 다중 INSERT, 동적 파티션 INSERT OVERWRITE를 지원함으로써 INSERT 문을 개선했다.

관련 예제를 다음에서 소개한다.

- 다음은 SELECT 문을 사용한 일반 INSERT 문이다.

```
--대상 테이블이 비어있는지 확인한다.
jdbc:hive2://> SELECT name, work_place, sex_age
. . . . . . .> FROM employee;
+-------------+-------------------+---------------+
|employee.name|employee.work_place|employee.sex_age|
+-------------+-------------------+---------------+
+-------------+-------------------+---------------+
No rows selected (0.115 seconds)

--SELECT 문을 이용해서 데이터를 생성한다.
jdbc:hive2://> INSERT INTO TABLE employee
```

```
. . . . . . .> SELECT * FROM ctas_employee;
No rows affected (31.701 seconds)


--데이터를 로드했는지 확인한다.
jdbc:hive2://> SELECT name, work_place, sex_age FROM employee;
+-------------+----------------------+------------------------+
|employee.name|  employee.work_place |     employee.sex_age   |
+-------------+----------------------+------------------------+
| Michael     |["Montreal","Toronto"]|{"sex":"Male","age":30} |
| Will        |["Montreal"]          |{"sex":"Male","age":35} |
| Shelley     |["New York"]          |{"sex":"Female","age":27}|
| Lucy        |["Vancouver"]         |{"sex":"Female","age":57}|
+-------------+----------------------+------------------------+
4 rows selected (0.12 seconds)
```

- CTE 문에서 데이터를 입력한다.

```
jdbc:hive2://> WITH a AS (SELECT * FROM ctas_employee )
. . . . . . .> FROM a
. . . . . . .> INSERT OVERWRITE TABLE employee
. . . . . . .> SELECT *;
No rows affected (30.1 seconds)
```

- 원본 테이블을 한 번만 살펴보고 다중 INSERT를 실행한다.

```
jdbc:hive2://> FROM ctas_employee
. . . . . . .> INSERT OVERWRITE TABLE employee
. . . . . . .> SELECT *
. . . . . . .> INSERT OVERWRITE TABLE employee_internal
. . . . . . .> SELECT * ;
No rows affected (27.919 seconds)
```

 INSERT INTO 문은 데이터를 추가하는 반면, INSERT OVERWRITE 문은 대상 테이블/파티션의 데이터를 교체한다.

파티션에 데이터를 추가할 때, 파티션의 칼럼을 명세해야 한다. 하이브는 정적 파티션에 정적 값을 명세할 뿐 아니라, 동적 파티션 값을 지원한다. 동적 파티션은 데이터 크기가 크고 파티션 값이 무엇이 될지 모를 때 유용하다. 예를 들어, 파티션 칼럼으로 날짜를 동적으로 사용할 수 있다.

동적 파티션은 기본적으로 활성화되어 있지 않다. 동적 파티션을 활성화하려면 다음과 같이 설정해야 한다.

```
jdbc:hive2://> SET hive.exec.dynamic.partition=true;
No rows affected (0.002 seconds)
```

기본적으로 사용자는 적어도 하나의 정적 파티션 칼럼을 명세해야 한다. 실수로 파티션을 덮어쓰는 것을 방지한다. 이런 제약을 비활성화하려면 다음과 같이 동적 파티션에 INSERT INTO 문을 실행하기 전에 파티션 모드의 값(기본 값은 strict)을 nonstrict으로 설정할 수 있다.

```
jdbc:hive2://> SET hive.exec.dynamic.partition.mode=nonstrict;
No rows affected (0.002 seconds)
```

```
jdbc:hive2://> INSERT INTO TABLE employee_partitioned
. . . . . . . .> PARTITION(year, month)
. . . . . . . .> SELECT name, array('Toronto') as work_place,
. . . . . . . .> named_struct("sex","Male","age",30) as sex_age,
. . . . . . . .> map("Python",90) as skills_score,
. . . . . . . .> map("R&D",array('Developer')) as depart_title,
. . . . . . . .> year(start_date) as year, month(start_date) as month
. . . . . . . .> FROM employee_hr eh
. . . . . . . .> WHERE eh.employee_id = 102;
No rows affected (29.024 seconds)
```

 앞 예제의 복잡한 타입의 생성자는 상수값을 복잡한 데이터 타입의 칼럼으로 할당한다.

파일에 저장하는 하이브 INSERT 문은 LOAD 문의 반대 명령어다. 로컬 또는 HDFS 파일에서 데이터를 추출하기 위해 SELECT 문을 사용한다. 그러나 INTO를 쓸 수 없고, OVERWRITE 키워드만 사용한다. 기존 파일에 추출된 데이터를 추가할 수 없다는 것을 의미한다. 기본적으로 해당 칼럼은 ^A로 구분되고 로우는 새로운 라인으로 구분된다. 하이브 0.11.0 버전부터 로우 구분자를 명세할 수 있다. 다음은 데이터를 파일로 저장하는 예제다.

- 기본 로우 구분자를 가진 로컬 파일에 저장할 수 있다. 하둡의 최근 버전에서는 로컬 디렉토리 경로를 하나의 디렉토리에서만 작업할 수 있다. 여러 디렉토리 레벨에서 작업하고 싶다면 hive.insert.into.multilevel.dirs=true를 설정해야 한다.

  ```
  jdbc:hive2://> INSERT OVERWRITE LOCAL DIRECTORY '/tmp/output1'
  . . . . . . . .> SELECT * FROM employee;
  No rows affected (30.859 seconds)
  ```

 INSERT 문을 실행할 때, 리듀서는 많은 조각난 파일을 기본적으로 생성한다. 조각난 파일을 하나로 병합하려면, HDFS 커맨드를 다음 예제처럼 사용한다.

  ```
  hdfs dfs -getmerge hdfs://<host_name>:8020/user/dayongd/output
  /tmp/test
  ```

- 명세한 로우 구분자로 로컬 파일에 추가한다.

  ```
  jdbc:hive2://> INSERT OVERWRITE LOCAL DIRECTORY '/tmp/output2'
  . . . . . . . .> ROW FORMAT DELIMITED FIELDS TERMINATED BY ','
  . . . . . . . .> SELECT * FROM employee;
  No rows affected (31.937 seconds)

  --구분자를 확인한다.
  vi /tmp/output2/000000_0
  Michael,Montreal^BToronto,Male^B30,DB^C80,Product^CDeveloper^DLead
  Will,Montreal,Male^B35,Perl^C85,Product^CLead^BTest^CLead
  Shelley,New York,Female^B27,Python^C80,Test^CLead^BCOE^CArchitect
  Lucy,Vancouver,Female^B57,Sales^C89^BHR^C94,Sales^CLead
  ```

- 동일한 테이블에 SELET 문을 호출해 다중 INSERT 문을 실행한다.

```
jdbc:hive2://> FROM employee
. . . . . . . .> INSERT OVERWRITE DIRECTORY '/user/dayongd/output'
. . . . . . . .> SELECT *
. . . . . . . .> INSERT OVERWRITE DIRECTORY '/user/dayongd/output1'
. . . . . . . .> SELECT * ;
No rows affected (25.4 seconds)
```

하이브에 INSERT 문 외에, 하이브와 HDFS 셸 커맨드에서도 로컬 또는 원격 파일에 추가와 덮어쓰기하거나 데이터를 추출하는 데 사용될 수 있다. hive -e 'quoted_hql_ string' 또는 hive -f ⟨hql_filename⟩ 커맨드로 하이브 쿼리문 또는 쿼리 파일을 실행 할 수 있다. 해당 커맨드와 함께 리눅스 리디렉트 연산자와 파이프 기능을 이용해 하이 브의 결과 집합을 리디렉트할 수 있다. 다음은 관련 예제다.

- 로컬 파일에 추가하기

  ```
  $ hive -e 'select * from employee' >> test
  ```

- 로컬 파일에 덮어쓰기

  ```
  $ hive -e 'select * from employee' > test
  ```

- HDFS 파일에 추가하기

  ```
  $ hive -e 'select * from employee'|hdfs dfs -appendToFile - /user/
  dayongd/output2/test
  ```

- HDFS 파일에 덮어쓰기

  ```
  $ hive -e 'select * from employee'|hdfs dfs -put -f - /user/
  dayongd/output2/test
  ```

데이터 교환: EXPORT와 IMPORT

하이브로 작업할 때, 종종 여러 환경에 데이터를 옮겨야 할 때가 있다. 아니면 일 부 데이터를 백업해야 할 수도 있다. 하이브 0.8.0 버전부터 데이터를 옮기거나 백업/복구 목적으로 EXPORT와 IMPORT 문을 이용해 HDFS에서 데이터를 임포트하 고 익스포트할 수 있다.

EXPORT 문은 테이블 또는 파티션에서 데이터와 메타데이터를 익스포트할 것이다. 메타데이터는 _metadata라 부르는 파일로 익스포트되고, 데이터는 data라는 하위 디렉토리로 익스포트된다.

```
jdbc:hive2://> EXPORT TABLE employee TO '/user/dayongd/output3';
No rows affected (0.19 seconds)
```

EXPORT 문을 실행한 후에 다른 하이브 인스턴스에서 익스포트된 파일을 수동으로 복사할 수 있고, 다른 HDFS 클러스터에 복사하기 위해 distcp 커맨드를 사용할 수 있다. 그리고 데이터를 다음 방법으로 임포트할 수 있다.

- 동일한 이름을 가진 테이블에 데이터를 임포트한다. 테이블이 존재하면 에러를 출력한다.

```
jdbc:hive2://> IMPORT FROM '/user/dayongd/output3';
Error: Error while compiling statement: FAILED: SemanticException
[Error 10119]: Table exists and contains data files
(state=42000,code=10119)
```

- 새로운 테이블로 데이터를 임포트한다.

```
jdbc:hive2://> IMPORT TABLE empolyee_imported FROM
. . . . . . .> '/user/dayongd/output3';
No rows affected (0.788 seconds)
```

- LOCATION 속성(옵션)이 가리키는 경로에서 데이터를 외부 테이블로 임포트한다.

```
jdbc:hive2://> IMPORT EXTERNAL TABLE empolyee_imported_external
. . . . . . .> FROM '/user/dayongd/output3'
. . . . . . .> LOCATION '/user/dayongd/output4' ;
No rows affected (0.256 seconds)
```

- 파티션을 익스포트하고 임포트한다.

```
jdbc:hive2://> EXPORT TABLE employee_partitioned partition
. . . . . . .> (year=2014, month=11) TO '/user/dayongd/output5';
No rows affected (0.247 seconds)
```

```
jdbc:hive2://> IMPORT TABLE employee_partitioned_imported
. . . . . . .> FROM '/user/dayongd/output5';
No rows affected (0.14 seconds)
```

ORDER와 SORT

하이브에서 데이터를 조작하는 또 다른 방법은 상위 N개의 값, 최대 값, 최소 값 등 중요한 요소를 깨끗하게 식별하기 위해 데이터 또는 결과 집합을 제대로 정렬하는 것이다.

다음은 하이브에서 사용되는 정렬 키워드다.

- ORDER BY (ASC|DESC): RDMBS의 ORDER BY 문과 비슷하다. 모든 리듀서가 생성한 모든 결과에서 정렬된 순서는 유지된다. ORDER BY 문 실행 시, 하나의 리듀서만 사용해 전역 정렬을 수행하면 리턴 시간이 더 소요된다. ORDER BY 뒤에 LIMIT 사용하는 것을 강력 추천한다. hive.mapred.mode = strict(hive.mapred.mode= nonstrict은 기본 값이다)로 설정하고 LIMIT를 명세하지 않으면, 예외가 발생한다. 다음은 ORDER BY 예제다.

```
jdbc:hive2://> SELECT name FROM employee ORDER BY NAME DESC;
+----------+
|   name   |
+----------+
| Will     |
| Shelley  |
| Michael  |
| Lucy     |
+----------+
4 rows selected (57.057 seconds)
```

- SORT BY (ASC|DESC): 리듀서 입력 레코드를 정렬할 때, 어느 칼럼으로 정렬할지 가리킨다. 데이터를 리듀서에 보내기 전에 정렬을 완료한다는 것을 의미한다. mapred.reduce.tasks=1을 설정하지 않는다면 SORT BY 문은 전역으로

정렬을 수행하지 않고, 각 리듀서에서 내부적으로 정렬된 데이터인지 확인한다. 이 경우에 ORDER BY 결과와 동일하다. 다음은 SORT BY 예제다.

```
--한 개 이상의 리듀서를 사용한다.
jdbc:hive2://> SET mapred.reduce.tasks = 2;
No rows affected (0.001 seconds)


jdbc:hive2://> SELECT name FROM employee SORT BY NAME DESC;
+----------+
|   name   |
+----------+
| Shelley  |
| Michael  |
| Lucy     |
| Will     |
+----------+
4 rows selected (54.386 seconds)


--리듀서 한 개만 사용한다.
jdbc:hive2://> SET mapred.reduce.tasks = 1;
No rows affected (0.002 seconds)


jdbc:hive2://> SELECT name FROM employee SORT BY NAME DESC;
+----------+
|   name   |
+----------+
| Will     |
| Shelley  |
| Michael  |
| Lucy     |
+----------+
4 rows selected (46.03 seconds)
```

- DISTRIBUTE BY: 칼럼값이 일치하는 로우는 동일한 리듀서로 파티션된다. 하나의 리듀서만 홀로 사용될 때, 리듀스는 정렬된 입력을 보장하지 않는다. 매퍼 결과를 분배하기 위해 어느 리듀서로 결정할지 여부의 관점에서 보면,

DISTRIBUTE BY는 RDBMS의 GROUP BY와 비슷하다. SORT BY를 사용할 때, SORT BY 앞에 DISTRIBUTE BY를 명세해야 한다. 그리고 분배하기 위해 사용된 칼럼은 SELECT 뒤에 칼럼 이름이 나타나야 한다. 다음은 DISTRIBUTE BY 예제다.

```
jdbc:hive2://> SELECT name
. . . . . . . .> FROM employee_hr DISTRIBUTE BY employee_id;
Error: Error while compiling statement: FAILED: SemanticException
[Error 10004]: Line 1:44 Invalid table alias or column
reference 'employee_id': (possible column names are: name)
(state=42000,code=10004)


jdbc:hive2://> SELECT name, employee_id
. . . . . . . .> FROM employee_hr DISTRIBUTE BY employee_id;
+----------+--------------+
|   name   | employee_id  |
+----------+--------------+
| Lucy     | 103          |
| Steven   | 102          |
| Will     | 101          |
| Michael  | 100          |
+----------+--------------+
4 rows selected (38.92 seconds)


--SORT BY로 사용하기
jdbc:hive2://> SELECT name, employee_id
. . . . . . . .> FROM employee_hr
. . . . . . . .> DISTRIBUTE BY employee_id SORT BY name;
+----------+--------------+
|   name   | employee_id  |
+----------+--------------+
| Lucy     | 103          |
| Michael  | 100          |
| Steven   | 102          |
| Will     | 101          |
+----------+--------------+
4 rows selected (38.01 seconds)
```

- CLUSTER BY: 동일한 그룹의 칼럼에 대해 DISTRIBUTE BY와 SORT BY 명령을 수행하는 약칭 명령어다. 그리고 내부적으로 각 리듀서에서 정렬된다. CLUSTER BY 문은 아직 ASC 또는 DESC를 지원하지 않는다. 전역으로 정렬되는 ORDER BY와 비교해, CLUSTER BY 명령은 각 분배된 그룹에서 정렬이 이루어진다. 전역 정렬을 실행할 때 사용할 수 있는 모든 리듀서를 작동시키려면 CLUSTER BY를 먼저 사용하고 뒤에 ORDER BY를 사용한다. 다음은 CLUSTER BY 예제다.

```
jdbc:hive2://> SELECT name, employee_id
. . . . . . .> FROM employee_hr CLUSTER BY name;
+----------+--------------+
|   name   | employee_id  |
+----------+--------------+
| Lucy     | 103          |
| Michael  | 100          |
| Steven   | 102          |
| Will     | 101          |
+----------+--------------+
4 rows selected (39.791 seconds)
```

ORDER BY와 CLUSTER BY의 차이는 다음 그림과 같다.

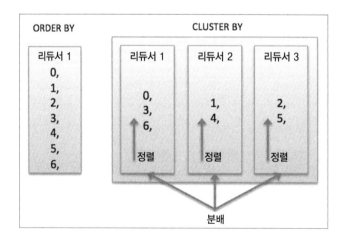

110

명령어와 함수

데이터를 잘 조작하기 위해 데이터를 변형할 수 있는 하이브의 표현식, 연산자, 함수를 사용할 수도 있다. 하이브 위키(https://cwiki.apache.org/confluence/display/Hive/LanguageManual+UDF)에는 각 표현식과 함수에 대한 표준을 제공하기 때문에 5장에서 모든 내용을 다루지 않고 일부 중요한 사용법이나 팁을 소개한다.

하이브는 비교 연산자, 산술 연산자, 논리 연산자, 복잡한 타입 생성자, 복잡한 타입 연산자를 정의한다. 비교 연산자, 산술 연산자, 논리 연산자는 SQL/자바의 표준 연산자와 동일한 기능이라 5장에서 설명하지 않는다. 복잡한 데이터 타입의 연산자의 경우 3장, '데이터 정의와 설명'의 '하이브의 데이터 타입 이해하기' 절과 5장의 동적 파티션 INSERT 예제에서 이미 설명했다.

하이브의 함수는 다음과 같이 분류할 수 있다.

- 수학 함수: 이 함수는 RADN()와 E()와 같은 수학적 계산을 주로 수행한다.
- 컬렉션 함수: 이 함수는 크기, 키, SIZE(Array<T>)와 같은 복잡한 타입의 값을 찾는다.
- 타입 변환 함수: 이 함수는 특정 타입에서 다른 타입으로 변환하기 위해 CAST와 BINARY 함수를 주로 사용한다.
- 날짜 함수: 해당 함수는 YEAR(string date)와 MONTH(string date)와 같은 날짜 관련된 계산을 실행한다.
- 조건 함수: 이 함수는 COALESCE, IF, CASE WHEN과 같은 정의된 리턴된 정의된 값으로 특정 조건을 확인한다.
- 문자열 함수: 해당 함수는 UPPER(string A)이나 TRIM(string A) 같은 문자열 관련 명령어를 실행한다.
- 집계 함수: SUM(), COUNT(*)와 같은 집계(6장에서 자세히 소개한다)를 수행한다.

- 테이블 생성 함수: 이 함수는 EXPLODE(MAP)이나 JSON_TUPLE(jsonString, k1, k2,…) 처럼 하나의 입력 로우를 다중 출력 로우로 변환한다.
- 사용자 정의 함수: 해당 함수는 하이브를 확장하기 위해 자바 코드로 생성된다. 8장, '확장성 고려 사항'에서 소개된다.

하이브의 내장 함수/UDF 목록을 보려면 하이브 CLI에서 다음 커맨드를 실행한다.

```
SHOW FUNCTIONS; --모든 함수를 출력한다.
DESCRIBE FUNCTION <function_name>; --특정 함수에 대해 자세히 살펴본다.
DESCRIBE FUNCTION EXTENDED <function_name>; --더 자세히 함수를 살펴본다.
```

다음은 분류 함수를 사용한 예제와 팁이다.

- 복잡한 데이터 타입 함수에 대한 팁: SIZE 타입은 MAP, ARRAY, 중첩 MAP/ARRAY의 크기를 계산하는 데 사용된다. 크기를 알 수 없다면 -1을 리턴한다. 다음과 같이 구현할 수 있다.

```
jdbc:hive2://> SELECT work_place, skills_score, depart_title
. . . . . . .> FROM employee;
+---------------------+-------------------+-----------------------------------+
|      work_place     |    skills_score   |            depart_title           |
+---------------------+-------------------+-----------------------------------+
|["Montreal","Toronto"]|{"DB":80}          |{"Product":["Developer","Lead"]}   |
|["Montreal"]         |{"Perl":85}        |{"Product":["Lead"],"Test":["Lead"]}|
|["New York"]         |{"Python":80}      |{"Test":["Lead"],"COE":["Architect"]}|
|["Vancouver"]        |{"Sales":89,"HR":94}|{"Sales":["Lead"]}                |
+---------------------+-------------------+-----------------------------------+
4 rows selected (0.084 seconds)

jdbc:hive2://> SELECT SIZE(work_place) AS array_size,
. . . . . . .> SIZE(skills_score) AS map_size,
. . . . . . .> SIZE(depart_title) AS complex_size,
. . . . . . .> SIZE(depart_title["Product"]) AS nest_size
. . . . . . .> FROM employee;
+------------+----------+--------------+------------+
| array_size | map_size | complex_size | nest_size  |
+------------+----------+--------------+------------+
| 2          | 1        | 1            | 2          |
```

```
| 1          | 1        | 2            | 1          |
| 1          | 1        | 2            | -1         |
| 1          | 2        | 1            | -1         |
+------------+----------+--------------+------------+
```
4 rows selected (0.062 seconds)

ARRAY_CONTAINS 문은 배열이 특정 값을 있는지 확인해 TRUE 또는 FALSE를
리턴한다. SORT_ARRAY 문은 배열을 알파벳 오름차순으로 정렬한다. 다음은
ARRAY_CONTAINS에 대한 예제다.

```
jdbc:hive2://> SELECT ARRAY_CONTAINS(work_place, 'Toronto')
. . . . . . . .> AS is_Toronto,
. . . . . . . .> SORT_ARRAY(work_place) AS sorted_array
. . . . . . . .> FROM employee;
+-------------+------------------------+
| is_toronto  |      sorted_array      |
+-------------+------------------------+
| true        | ["Montreal","Toronto"] |
| false       | ["Montreal"]           |
| false       | ["New York"]           |
| false       | ["Vancouver"]          |
+-------------+------------------------+
```
4 rows selected (0.059 seconds)

- 날짜 함수 팁: FROM_UNIXTIME(UNIX_TIMESTAMP()) 문은 오라클의 SYSDATE와
같은 함수를 실행한다. 다음처럼 하이브 서버에서 현재 날짜와 시간을 동적
으로 리턴한다.

```
jdbc:hive2://> SELECT
. . . . . . . .> FROM_UNIXTIME(UNIX_TIMESTAMP()) AS current_time
. . . . . . . .> FROM employee LIMIT 1;
+---------------------+
|     current_time    |
+---------------------+
| 2014-11-15 19:28:29 |
+---------------------+
```
1 row selected (0.047 seconds)

UNIX_TIMESTAMP() 문은 두 날짜를 비교하거나, ORDER BY 뒤에 두어 ORDER BY UNIX_TIMESTAMP(string_date, 'dd-MM-yyyy')와 같은 날짜 값의 여러 문자열 타입을 정렬하기 위해 사용된다.

```
--두 개의 날짜를 비교한다.
jdbc:hive2://> SELECT (UNIX_TIMESTAMP ('2015-01-21 18:00:00')
. . . . . . .> - UNIX_TIMESTAMP('2015-01-10 11:00:00'))/60/60/24
. . . . . . .> AS daydiff FROM employee LIMIT 1;
+--------------------+
|       daydiff      |
+--------------------+
| 11.291666666666666 |
+--------------------+
1 row selected (0.093 seconds)
```

TO_DATE 문은 날짜에서 시간, 분, 초를 삭제한다. TO_DATE 문은 WHERE TO_DATE(update_datetime) BETWEEN '2014-11-01' AND '2014-11-31'와 같은 데이터 범위에서 칼럼 값이 데이터-날짜 타입인지 확인해야 할 때 유용하다. TO_DATE 문에 대한 예제는 다음과 같다.

```
jdbc:hive2://> SELECT TO_DATE(FROM_UNIXTIME(UNIX_TIMESTAMP()))
. . . . . . .> AS current_date FROM employee LIMIT 1;
+---------------+
| current_date  |
+---------------+
| 2014-11-15    |
+---------------+
1 row selected (0.153 seconds)
```

- 여러 데이터 타입에 대한 CASE: 하이브 0.13.0 버전 이전에는 THEN 또는 ELSE 뒤에 나오는 타입은 동일한 타입이어야 했다. 타입이 다르면 The expression after ELSE should have the same type as those after THEN: "bigint" is expected but "int" is found와 같은 예외를 발생시켰다. 해결책은 IF를 쓰는 것이었다. 하이브 0.13.0 버전에서 다음처럼 쓸 수 있도록 수정됐다.

114

```
jdbc:hive2://> SELECT
. . . . . . . .> CASE WHEN 1 IS NULL THEN 'TRUE' ELSE 0 END
. . . . . . . .> AS case_result FROM employee LIMIT 1;
+--------------+
| case_result |
+--------------+
| 0           |
+--------------+
1 row selected (0.063 seconds)
```

- 파서와 검색 팁: LATERAL VIEW 문은 칼럼의 맵 또는 배열 타입을 평평하게 하
  는 EXPLODE()와 같은 사용자 정의 테이블을 생성하는 함수와 함께 쓰인다.
  explode 함수는 LATERAL VIEW와 함께 ARRAY와 MAP에 사용될 수 있다. explode
  함수 호출 후, 칼럼 중 하나라도 NULL이라면 다음 예제의 Steven의 로우처럼
  로우를 제외한다. 하이브 0.12.0 버전 이후의 OUTER LATERAL VIEW는 다음과
  같이 사용된다.

```
--데이터를 준비한다.
jdbc:hive2://> INSERT INTO TABLE employee
. . . . . . . .> SELECT 'Steven' AS name, array(null) as work_place,
. . . . . . . .> named_struct("sex","Male","age",30) as sex_age,
. . . . . . . .> map("Python",90) as skills_score,
. . . . . . . .> map("R&D",array('Developer')) as depart_title
. . . . . . . .> FROM employee LIMIT 1;
No rows affected (28.187 seconds)

jdbc:hive2://> SELECT name, work_place, skills_score
. . . . . . . .> FROM employee;
+----------+------------------------+----------------------+
|   name   |      work_place        |     skills_score     |
+----------+------------------------+----------------------+
| Michael  | ["Montreal","Toronto"] | {"DB":80}            |
| Will     | ["Montreal"]           | {"Perl":85}          |
| Shelley  | ["New York"]           | {"Python":80}        |
| Lucy     | ["Vancouver"]          | {"Sales":89,"HR":94} |
```

```
| Steven   | NULL                  | {"Python":90}         |
+----------+-----------------------+-----------------------+
```
5 rows selected (0.053 seconds)

--EXPLODE가 NULL을 리턴할 때, LATERAL VIEW는 로우를 무시한다.
jdbc:hive2://> SELECT name, workplace, skills, score
. . . .> FROM employee
. . . .> LATERAL VIEW explode(work_place) wp AS workplace
. . . .> LATERAL VIEW explode(skills_score) ss
. . . .> AS skills, score;

```
+----------+------------+---------+--------+
| name     | workplace  | skills  | score  |
+----------+------------+---------+--------+
| Michael  | Montreal   | DB      | 80     |
| Michael  | Toronto    | DB      | 80     |
| Will     | Montreal   | Perl    | 85     |
| Shelley  | New York   | Python  | 80     |
| Lucy     | Vancouver  | Sales   | 89     |
| Lucy     | Vancouver  | HR      | 94     |
+----------+------------+---------+--------+
```
6 rows selected (24.733 seconds)

--EXPLODE가 NULL을 리턴할 때, OUTER LATERAL VIEW는 로우를 유지한다.
jdbc:hive2://> SELECT name, workplace, skills, score
. . . .> FROM employee
. . . .> LATERAL VIEW OUTER explode(work_place) wp
. . . .> AS workplace
. . . .> LATERAL VIEW explode(skills_score) ss
. . . .> AS skills, score;

```
+----------+------------+---------+--------+
| name     | workplace  | skills  | score  |
+----------+------------+---------+--------+
| Michael  | Montreal   | DB      | 80     |
| Michael  | Toronto    | DB      | 80     |
| Will     | Montreal   | Perl    | 85     |
| Shelley  | New York   | Python  | 80     |
| Lucy     | Vancouver  | Sales   | 89     |
| Lucy     | Vancouver  | HR      | 94     |
```

```
| Steven   | None        | Python   | 90       |
+----------+-------------+----------+----------+
7 rows selected (24.573 seconds)
```

REVERSE 문은 문자열의 모든 글자를 역순으로 변경한다. SPLIT 문은 특정 구분자를 사용해 문자열을 구분할 수 있다. 다음은 reverse와 split을 이용해서 리눅스 경로에서 파일 이름을 얻어오는 예제다.

```
jdbc:hive2://> SELECT
. . . . . . . .> reverse(split(reverse('/home/user/employee.txt'),'/')
[0])
. . . . . . . .> AS linux_file_name FROM employee LIMIT 1;
+------------------+
| linux_file_name  |
+------------------+
| employee.txt     |
+------------------+
1 row selected (0.1 seconds)
```

REVERSE 문은 배열과 맵의 모든 요소를 구분된 로우로 출력한 반면, 반대로 collect_set과 collect_list는 모든 로우의 엘리먼트를 집합으로 리턴한다. collect_set 문은 결과에서 중복을 삭제하지만, collect_list 문은 중복을 삭제하지 않는다. 다음은 collect_set과 collect_list에 대한 예제다.

```
jdbc:hive2://> SELECT collect_set(work_place[0])
. . . . . . . .> AS flat_workplace0 FROM employee;
+--------------------------------------+
|             flat_workplace0          |
+--------------------------------------+
| ["Vancouver","Montreal","New York"]  |
+--------------------------------------+
1 row selected (43.455 seconds)

jdbc:hive2://> SELECT collect_list(work_place[0])
. . . . . . . .> AS flat_workplace0 FROM employee;
+----------------------------------------------+
|                flat_workplace0               |
```

```
+-----------------------------------------------+
| ["Montreal","Montreal","New York","Vancouver"]  |
+-----------------------------------------------+
```

1 row selected (45.488 seconds)

- 가상 칼럼: 가상 칼럼은 하이브에서 칼럼과 관련된 특별한 함수 타입이다. 하이브에서는 두 개의 가상 칼럼 INPUT__FILE__NAME과 BLOCK__OFFSET__ INSIDE__FILE을 제공한다. INPUT__FILE__NAME 함수는 매퍼 작업을 위한 입력 파일의 이름이다. 파일이 압축되면 BLOCK__OFFSET__INSIDE__FILE 함수는 현재의 전역 파일 위치 또는 현재 블록의 파일 오프셋이다. 다음은 특히 버킷 또는 파티셔닝 테이블에 대해 HDFS에 물리적으로 위치한 데이터의 위치를 알 수 있는 가상 칼럼을 사용하는 예제다.

```
jdbc:hive2://> SELECT INPUT__FILE__NAME,
. . . . . . . .> BLOCK__OFFSET__INSIDE__FILE AS OFFSIDE
. . . . . . .> FROM employee_id_buckets;
+--------------------------------------------------------+---------+
|                  input__file__name                     | offside |
+--------------------------------------------------------+---------+
| hdfs://hive_warehouse_URI/employee_id_buckets/000000_0 | 0       |
| hdfs://hive_warehouse_URI/employee_id_buckets/000000_0 | 55      |
| hdfs://hive_warehouse_URI/employee_id_buckets/000000_0 | 120     |
| hdfs://hive_warehouse_URI/employee_id_buckets/000000_0 | 175     |
| hdfs://hive_warehouse_URI/employee_id_buckets/000000_0 | 240     |
| hdfs://hive_warehouse_URI/employee_id_buckets/000000_0 | 295     |
| hdfs://hive_warehouse_URI/employee_id_buckets/000000_0 | 360     |
| hdfs://hive_warehouse_URI/employee_id_buckets/000000_0 | 415     |
| hdfs://hive_warehouse_URI/employee_id_buckets/000000_0 | 480     |
| hdfs://hive_warehouse_URI/employee_id_buckets/000000_0 | 535     |
| hdfs://hive_warehouse_URI/employee_id_buckets/000000_0 | 592     |
| hdfs://hive_warehouse_URI/employee_id_buckets/000000_0 | 657     |
| hdfs://hive_warehouse_URI/employee_id_buckets/000000_0 | 712     |
| hdfs://hive_warehouse_URI/employee_id_buckets/000000_0 | 769     |
| hdfs://hive_warehouse_URI/employee_id_buckets/000000_0 | 834     |
| hdfs://hive_warehouse_URI/employee_id_buckets/000001_0 | 0       |
| hdfs://hive_warehouse_URI/employee_id_buckets/000001_0 | 57      |
```

```
| hdfs://hive_warehouse_URI/employee_id_buckets/000001_0  | 122   |
| hdfs://hive_warehouse_URI/employee_id_buckets/000001_0  | 177   |
| hdfs://hive_warehouse_URI/employee_id_buckets/000001_0  | 234   |
| hdfs://hive_warehouse_URI/employee_id_buckets/000001_0  | 291   |
| hdfs://hive_warehouse_URI/employee_id_buckets/000001_0  | 348   |
| hdfs://hive_warehouse_URI/employee_id_buckets/000001_0  | 405   |
| hdfs://hive_warehouse_URI/employee_id_buckets/000001_0  | 462   |
| hdfs://hive_warehouse_URI/employee_id_buckets/000001_0  | 517   |
+---------------------------------------------------------+-------+
25 rows selected (0.073 seconds)


jdbc:hive2://> SELECT INPUT__FILE__NAME FROM employee_partitioned;
+------------------------------------------------------------------+
|                       input__file__name                          |
+------------------------------------------------------------------+
|hdfs://warehouse_URI/employee_partitioned/year=2010/month=1/000000_0
|hdfs://warehouse_URI/employee_partitioned/year=2012/
month=11/000000_0
|hdfs://warehouse_URI/employee_partitioned/year=2014/month=12/
employee.txt
|hdfs://warehouse_URI/employee_partitioned/year=2014/month=12/
employee.txt
|hdfs://warehouse_URI/employee_partitioned/year=2014/month=12/
employee.txt
|hdfs://warehouse_URI/employee_partitioned/year=2014/month=12/
employee.txt
|hdfs://warehouse_URI/employee_partitioned/year=2015/
month=01/000000_0
|hdfs://warehouse_URI/employee_partitioned/year=2015/
month=01/000000_0
|hdfs://warehouse_URI/employee_partitioned/year=2015/
month=01/000000_0
|hdfs://warehouse_URI/employee_partitioned/year=2015/
month=01/000000_0
+------------------------------------------------------------------+
10 rows selected (0.47 seconds)
```

- 다음은 하이브 위키에 언급되지 않은 함수다.

--null 값인지 확인하는 함수다.

```
jdbc:hive2://> SELECT work_place, isnull(work_place) is_null,
. . . . . . . .> isnotnull(work_place) is_not_null FROM employee;
+------------------------+----------+--------------+
|       work_place       | is_null  | is_not_null  |
+------------------------+----------+--------------+
| ["Montreal","Toronto"] | false    | true         |
| ["Montreal"]           | false    | true         |
| ["New York"]           | false    | true         |
| ["Vancouver"]          | false    | true         |
| NULL                   | true     | false        |
+------------------------+----------+--------------+
5 rows selected (0.058 seconds)
```

--assert_true, 조건이 true가 아니면, 예외를 던진다.

```
jdbc:hive2://> SELECT assert_true(work_place IS NULL)
. . . . . . . .> FROM employee;
Error: java.io.IOException: org.apache.hadoop.hive.ql.metadata.
HiveException: ASSERT_TRUE(): assertion failed. (state=,code=0)
```

--elt(n, str1, str2, ...)은 n번째 문자열을 리턴한다.

```
jdbc:hive2://> SELECT elt(2,'New York','Montreal','Toronto')
. . . . . . . .> FROM employee LIMIT 1;
+-----------+
|    _c0    |
+-----------+
| Montreal  |
+-----------+
1 row selected (0.055 seconds)
```

--하이브 0.13.0 버전부터 현재 데이터베이스의 이름을 리턴한다.

```
jdbc:hive2://> SELECT current_database();
+-----------+
|    _c0    |
+-----------+
| default   |
```

```
+----------+
1 row selected (0.057 seconds)
```

트랜잭션

하이브 0.13.0 버전 이전에는 하이브는 로우 레벨 단위의 트랜잭션을 지원하지 않았다. 그 결과로 트랜잭션 내에서 데이터를 변경, 추가, 삭제를 할 수 없었다. 따라서, 데이터 덮어쓰기는 테이블 또는 파티션에서만 이루어졌다. 하이브에 읽기/쓰기의 처리와 데이터의 삭제를 동시에 진행하는 것이 매우 어려웠다.

하이브 0.13.0 버전 이후부터는 ACID를 제공하는 로우 레벨 트랜잭션(원자성 Atomicity, 일관성Consistency, 격리Isolation, 지속성Durability)을 완벽히 지원한다. 현재 모든 트랜잭션은 오토커밋이며, ORCOptimized Row Columnar 파일 데이터(하이브 0.11.0 버전부터 사용 가능하다) 또는 버킷 테이블의 데이터만 지원한다.

하이브에서 트랜잭션을 사용하려면 다음 환경 설정 값으로 변경해야 한다.

```
SET hive.support.concurrency = true;
SET hive.enforce.bucketing = true;
SET hive.exec.dynamic.partition.mode = nonstrict;
SET hive.txn.manager = org.apache.hadoop.hive.ql.lockmgr.DbTxnManager;
SET hive.compactor.initiator.on = true;
SET hive.compactor.worker.threads = 1;
```

시스템에서 현재 열려 있거나 취소된 트랜잭션을 보여주는 SHOW TRANSACTIONS 커맨드가 하이브 0.13.0 버전부터 추가됐다.

```
jdbc:hive2://> SHOW TRANSACTIONS;
+----------------+--------------------+-------+-----------+
|     txnid      |       state        | user  |   host    |
+----------------+--------------------+-------+-----------+
| Transaction ID | Transaction State  | User  | Hostname  |
+----------------+--------------------+-------+-----------+
1 row selected (15.209 seconds)
```

INSERT VALUE, UPDATE, DELETE 커맨드가 하이브 0.14.0 버전부터 다음 문법으로 로우를 운영할 수 있도록 추가됐다.

```
INSERT INTO TABLE tablename [PARTITION (partcol1[=val1], partcol2[=val2]
...)]
VALUES values_row [, values_row …];

UPDATE tablename SET column = value [, column = value ...] [WHERE
expression]

DELETE FROM tablename [WHERE expression]
```

요약

5장에서는 LOAD, INSERT, IMPORT, EXPORT 키워드를 사용해 하이브 간의 데이터 교환 방법을 다뤘고, 여러 하이브의 정렬 옵션을 소개했다. 또한 하이브 함수가 일반적으로 사용되는 팁과 하이브 0.13.0부터 새롭게 제공된 로우 레벨 트랜잭션을 소개했다. 5장을 충분히 습득했다면, 하이브에 데이터를 임포트 또는 익스포트할 수 있고, 다양한 타입의 정렬 키워드, 하이브 함수, 트랜잭션을 사용할 수 있을 것이다.

6장에서는 하이브의 데이터 집계와 샘플링에 관한 다양한 방법을 살펴본다.

6

데이터 집계와 샘플링

6장에서는 하이브에서 데이터를 집계하는 방법과 샘플링하는 방법을 다룬다. 먼저 집계 함수, GROUP BY와 PARTITION BY를 사용한 분석 함수, 윈도우 절의 사용 방법을 다룬다. 이후에, 하이브에서 데이터를 샘플링하는 방법을 소개한다.

6장에서는 다음 주제를 다룬다.

- 기초적인 집계
- 고급 집계
- 집계 조건
- 분석 함수
- 샘플링

기초적인 집계: GROUP BY

데이터 집계는 특정 조건을 기반으로 특정 그룹에 대한 정보를 더 얻기 위한 요약 형태이며, 데이터를 수집하고 표현하는 프로세스를 의미한다. 하이브는 MAX, MIN, AVG 등과 같은 내장 집계 함수를 지원한다. 하이브는 GROUPING SETS, ROLLUP, CUBE, 분석 함수, 윈도우 절을 사용한 고급 집계도 지원하며, 하이브의 기초적인 내장 집계 함수는 종종 GROUP BY 절과 함께 사용된다.

GROUP BY 절을 명세하지 않으면 기본적으로 테이블의 모든 로우를 집계한다. 집계 함수를 제외한 나머지 칼럼은 GROUP BY 절에 포함시켜야 한다. 다음은 내장 집계 함수를 사용한 일부 예제다.

- GROUP BY 칼럼이 없는 집계

  ```
  jdbc:hive2://> SELECT count(*) AS row_cnt FROM employee;
  +----------+
  | row_cnt  |
  +----------+
  | 5        |
  +----------+
  1 row selected (60.709 seconds)
  ```

- GROUP BY 칼럼을 이용한 집계

  ```
  jdbc:hive2://> SELECT sex_age.sex, count(*) AS row_cnt
  . . . . . . .> FROM employee
  . . . . . . .> GROUP BY sex_age.sex;
  +-------------+----------+
  | sex_age.sex | row_cnt  |
  +-------------+----------+
  | Female      | 2        |
  | Male        | 3        |
  +-------------+----------+
  2 rows selected (100.565 seconds)
  ```

  ```
  --SELECT에 있는 칼럼이 GROUP BY 칼럼에는 존재하지 않는다.
  jdbc:hive2://> SELECT name, sex_age.sex, count(*) AS row_cnt
  ```

124

```
. . . . . . . .> FROM employee GROUP BY sex_age.sex;
Error: Error while compiling statement: FAILED: SemanticException
[Error 10025]: Line 1:7 Expression not in GROUP BY key 'name'
(state=42000,code=10025)
```

GROUP BY 칼럼이 아닌 다른 칼럼을 SELECT 문에서 사용해야 한다면 GROUP BY 절이 아닌 collect_set라는 분석 함수를 사용해야 한다. collect_set 함수는 중복 엘리먼트를 제거하는 객체 집합을 리턴한다. collect_set 함수는 다음과 같이 사용한다.

```
--성별 로우 개수와 성별 표본 추출 연령을 얻는다.
jdbc:hive2://> SELECT sex_age.sex,
. . . . . . .> collect_set(sex_age.age)[0] AS random_age,
. . . . . . .> count(*) AS row_cnt
. . . . . . .> FROM employee GROUP BY sex_age.sex;
+--------------+-------------+----------+
| sex_age.sex  | random_age  | row_cnt  |
+--------------+-------------+----------+
| Female       | 27          | 2        |
| Male         | 35          | 3        |
+--------------+-------------+----------+
2 rows selected (48.15 seconds)
```

집계 함수는 동일 select 문의 다른 집계 함수와 함께 사용될 수 있고, 조건 함수와 같은 다른 함수를 중첩해서 사용할 수도 있다. 하지만, 중첩 집계 함수는 지원하지 않는다. 이 부분을 다음 예제에서 자세히 살펴보자.

• SELECT 문에서 다중 집계 함수를 다음과 같이 동일하게 호출한다.

```
jdbc:hive2://> SELECT sex_age.sex, AVG(sex_age.age) AS avg_age,
. . . . . . .> count(*) AS row_cnt
. . . . . . .> FROM employee GROUP BY sex_age.sex;
+--------------+--------------------+----------+
| sex_age.sex  |      avg_age       | row_cnt  |
+--------------+--------------------+----------+
```

```
| Female        | 42.0                | 2         |
| Male          | 31.666666666666668  | 3         |
+--------------+--------------------+----------+
2 rows selected (98.857 seconds)
```

- 해당 집계 함수를 CASE WHEN과 같이 다음처럼 사용한다.

```
jdbc:hive2://> SELECT sum(CASE WHEN sex_age.sex = 'Male'
. . . . . . .> THEN sex_age.age ELSE 0 END)/
. . . . . . .> count(CASE WHEN sex_age.sex = 'Male' THEN 1
. . . . . . .> ELSE NULL END) AS male_age_avg FROM employee;
+--------------------+
|    male_age_avg    |
+--------------------+
| 31.666666666666668 |
+--------------------+
1 row selected (38.415 seconds)
```

- 해당 집계 함수를 COALESCE와 IF를 다음과 같이 함께 사용한다.

```
jdbc:hive2://> SELECT
. . . . . . .> sum(coalesce(sex_age.age,0)) AS age_sum,
. . . . . . .> sum(if(sex_age.sex = 'Female',sex_age.age,0))
. . . . . . .> AS female_age_sum FROM employee;
+----------+---------------+
| age_sum  | female_age_sum|
+----------+---------------+
| 179      | 84            |
+----------+---------------+
1 row selected (42.137 seconds)
```

- 집계 함수를 중첩해서 사용하면 다음처럼 에러가 발생한다.

```
jdbc:hive2://> SELECT avg(count(*)) AS row_cnt
. . . . . . .> FROM employee;
Error: Error while compiling statement: FAILED: SemanticException
[Error 10128]: Line 1:11 Not yet supported place for UDAF 'count'
(state=42000,code=10128)
```

또한, 유일한 값을 집계하기 위해 집계 함수에 DISTINCT 키워드를 함께 사용할 수 있다.

```
jdbc:hive2://> SELECT count(DISTINCT sex_age.sex) AS sex_uni_cnt,
. . . . . . . .> count(DISTINCT name) AS name_uni_cnt
. . . . . . . .> FROM employee;
+-------------+--------------+
| sex_uni_cnt | name_uni_cnt |
+-------------+--------------+
| 2           | 5            |
+-------------+--------------+
1 row selected (35.935 seconds)
```

 COUNT와 DISTINCT를 동시에 사용할 때, 하이브는 환경 설정에 적용된 리듀스 작업 개수(mapred.reduce.tasks = 20)를 무시하고 오직 하나의 리듀스만 사용한다. 데이터가 많은 테이블에서 하나의 리듀스는 병목이 된다. 이 방식의 해결책은 다음과 같이 서브 쿼리를 쓰는 것이다.

```
--COUNT와 DISTINCT를 동시에 사용할 때, 하나의 리듀스를 실행한다.
SELECT count(distinct sex_age.sex) AS sex_uni_cnt FROM employee;
```

```
--성능 개선을 위해, 집계하기 전에 유일한 값을 얻는 서브 쿼리를 사용한다.
SELECT count(*) AS sex_uni_cnt FROM (SELECT distinct sex_age.sex FROM
employee) a;
```

예제의 두 번째 쿼리의 서브 쿼리는 하나 이상의 리듀서를 사용할 수 있는 DISTINCT를 구현했다. 해당 쿼리는 DISTINCT를 사용해 유일한 값을 얻은 다음, 매퍼는 상대적으로 작은 양으로 COUNT를 실행한다. 그 결과, 리듀서는 병목이 되지 않는다.

하이브가 NULL 값을 가진 칼럼을 집계할 때, 아주 특별한 동작을 한다. 칼럼 값이 NULL인 로우가 있다면, 다음 예제의 두 번째 로우처럼 집계할 때 무시하면 된다. 집계할 때 해당 로우를 무시하지 않으려면 칼럼값이 NULL일 때 기본 값을 할당하는 COALESCE을 사용하면 된다. 다음과 같이 COALESCE을 적용한다.

```
-- 테스트를 위해 t 테이블을 생성한다.
jdbc:hive2://> CREATE TABLE t AS SELECT * FROM
. . . . . . . .> (SELECT employee_id-99 AS val1,
. . . . . . . .> (employee_id-98) AS val2 FROM employee_hr
. . . . . . . .> WHERE employee_id <= 101
. . . . . . . .> UNION ALL
. . . . . . . .> SELECT null val1, 2 AS val2 FROM employee_hr
. . . . . . . .> WHERE employee_id = 100) a;
No rows affected (0.138 seconds)


-- 생성된 테이블에서 로우를 확인한다.
jdbc:hive2://> SELECT * FROM t;
+---------+---------+
| t.val1  | t.val2  |
+---------+---------+
| 1       | 2       |
| NULL    | 2       |
| 2       | 3       |
+---------+---------+
3 rows selected (0.069 seconds)


-- sum(val1 + val2)을 계산할 때, 2번째 로우(NULL, 2)는 무시된다.
jdbc:hive2://> SELECT sum(val1), sum(val1+val2)
. . . . . . . .> FROM t;
+------+------+
| _c0  | _c1  |
+------+------+
| 3    | 8    |
+------+------+
1 row selected (57.775 seconds)


jdbc:hive2://> SELECT sum(coalesce(val1,0)),
. . . . . . . .> sum(coalesce(val1,0)+val2) FROM t;
+------+------+
| _c0  | _c1  |
+------+------+
```

```
| 3    | 10   |
+------+------+
```
1 row selected (69.967 seconds)

hive.map.aggr 속성은 map 작업 시 집계를 통제한다. hive.map.aggr 설정의 기본 값은 false다. hive.map.agg의 값이 true이면 하이브는 성능 개선을 위해 즉시 맵 작업에서 첫 번째 레벨의 집계를 진행하지만, 메모리는 더 많이 사용한다.

jdbc:hive2://> SET hive.map.aggr=true;
No rows affected (0.002 seconds)

고급 집계: GROUPING SETS

하이브는 동일 데이터 집합에 여러 고급 GROUP BY 커맨드를 사용할 수 있는 GROUPING SETS 키워드를 제공한다. 실제로 GROUPING SETS는 여러 GROUP BY 결과 집합에 UNION ALL을 연결하는 약칭이다. 여러 단계에서 GROUP BY와 UNION ALL을 사용하는 것보다 GROUPING SETS 키워드를 사용해서 한 번에 모든 작업을 완료하는 것이 더 효율적이다. GROUPING SETS 절의 빈 set()은 모든 집계를 계산하기 때문이다. 다음은 예제에서 GROUPING SETS 절이 GROUP BY와 UNION ALL을 사용한 방식과 동일하다는 것을 보여주는 예제다. 예제를 이해할 수 있도록 덧붙여 설명하자면, GROUPING SET 문의 바깥쪽 레벨에서는 구현되어야 할 UNION ALL의 데이터를 정의한다. GROUPING SET 문의 안쪽 레벨은 각 UNION ALL에서 구현되어야 할 GROUP BY의 데이터를 정의한다.

```
SELECT name, work_place[0] AS main_place,
count(employee_id) AS emp_id_cnt
FROM employee_id
GROUP BY name, work_place[0] GROUPING SETS((name, work_place[0]));
||
SELECT name, work_place[0] AS main_place,
count(employee_id) AS emp_id_cnt
```

```
FROM employee_id
GROUP BY name, work_place[0]


SELECT name, work_place[0] AS main_place,
count(employee_id) AS emp_id_cnt
FROM employee_id
GROUP BY name, work_place[0] GROUPING SETS(name, work_place[0]);
||
SELECT name, NULL AS main_place, count(employee_id) AS emp_id_cnt
FROM employee_id
GROUP BY name
UNION ALL
SELECT NULL AS name, work_place[0] AS main_place,
count(employee_id) AS emp_id_cnt
FROM employee_id
GROUP BY work_place[0];


SELECT name, work_place[0] AS main_place,
count(employee_id) AS emp_id_cnt
FROM employee_id
GROUP BY name, work_place[0]
GROUPING SETS((name, work_place[0]), name);
||
SELECT name, work_place[0] AS main_place,
count(employee_id) AS emp_id_cnt
FROM employee_id
GROUP BY name, work_place[0]
UNION ALL
SELECT name, NULL AS main_place, count(employee_id) AS emp_id_cnt
FROM employee_id
GROUP BY name;


SELECT name, work_place[0] AS main_place,
count(employee_id) AS emp_id_cnt
FROM employee_id
GROUP BY name, work_place[0]
```

```
GROUPING SETS((name, work_place[0]), name, work_place[0], ());
||
SELECT name, work_place[0] AS main_place,
count(employee_id) AS emp_id_cnt
FROM employee_id
GROUP BY name, work_place[0]
UNION ALL
SELECT name, NULL AS main_place, count(employee_id) AS emp_id_cnt
FROM employee_id
GROUP BY name
UNION ALL
SELECT NULL AS name, work_place[0] AS main_place,
count(employee_id) AS emp_id_cnt
FROM employee_id
GROUP BY work_place[0]
UNION ALL
SELECT NULL AS name, NULL AS main_place,
count(employee_id) AS emp_id_cnt
FROM employee_id;
```

GROUPING SETS 커맨드로 테이블 또는 레코드 타입 앨리어스로 참조되는 칼럼으로 작업할 때, 문제가 될만한 이슈(HIVE-6950, https://issues.apache.org/jira/browse/HIVE-6950)가 있었지만 하이브 1.2.0 버전에서 해결되었다. 1.2.0 이전 버전에서는 다음과 같이 동작했다.

```
jdbc:hive2://> SELECT sex_age.sex, sex_age.age,
. . . . . . . .> count(name) AS name_cnt
. . . . . . . .> FROM employee
. . . . . . . .> GROUP BY sex_age.sex, sex_age.age
. . . . . . . .> GROUPING SETS((sex_age.sex, sex_age.age));
Error: Error while compiling statement: FAILED: ParseException line 1:131
missing ) at ',' near '<EOF>'
line 1:145 extraneous input ')' expecting EOF near '<EOF>'
(state=42000,code=40000)
```

고급 집계: ROLLUP와 CUBE

ROLLUP 문은 특정 그룹의 크기에 따라 여러 수준의 집계를 계산할 수 있는 SELECT 문을 지원한다. ROLLUP 문은 GROUP BY 절의 간단한 확장으로서 높은 효율성과 함께 쿼리에는 가장 작은 부하만 발생한다. ROLLUP은 여러 레벨의 집계를 생성하는 GROUPING SETS과 비교해서 n+1 레벨의 집계를 생성한다. 여기서 n은 그룹핑한 칼럼의 개수다. 첫 번째, GROUP BY 절에 명세하는 표준 집계 값을 계산한다. 그리고 ROLLUP은 그룹핑한 칼럼의 조합 목록을 오른쪽에서 왼쪽으로 옮겨 상위 레벨에서 하위에 대한 총합을 다음과 같이 생성한다.

GROUP BY a,b,c WITH ROLLUP

이전 예제는 다음 예제와 같이 동일하다.

GROUP BY a,b,c GROUPING SETS ((a,b,c),(a,b),(a),())

CUBE 문은 특정 그룹핑한 칼럼을 받고 모두 가능한 조합에 대한 집계를 생성한다. CUBE에서 n개의 칼럼을 지정하면 다음 예제처럼 2^n개를 조합한 집계가 리턴된다.

GROUP BY a,b,c WITH CUBE

이전 예제는 아래 예제와 동일하다.

GROUP BY a,b,c GROUPING SETS ((a,b,c),(a,b),(b,c),(a,c),(a),(b),(c),())

GROUPING_ID 함수는 모든 로우를 구별하기 위한 확장성을 기반으로 동작한다. GROUPING_ID 함수는 하나 이상의 칼럼을 받고, GROUP BY 뒤에 명세한 각 칼럼에 대한 BIT 벡터의 10진수 값을 리턴한다. 리턴한 10진수는 어느 칼럼이 로우에서 집계(값이 NULL은 아니다)되었는지 표시하는 1과 0으로 이뤄진 바이너리 값에서 변환된다. 칼럼의 순서는 GROUP BY에서 가장 가까운 칼럼을 세는 것부터 시작한다. 다음 예제에서 1번째 칼럼 이름은 start_date다.

```
jdbc:hive2://> SELECT GROUPING__ID,
 . . . . . . . .> BIN(CAST(GROUPING__ID AS BIGINT)) AS bit_vector,
 . . . . . . . .> name, start_date, count(employee_id) emp_id_cnt
 . . . . . . . .> FROM employee_hr
 . . . . . . . .> GROUP BY start_date, name
 . . . . . . . .> WITH CUBE ORDER BY start_date;
+---------------+-------------+----------+-------------+-------------+
| grouping__id  | bit_vector  |   name   |  start_date |  emp_id_cnt |
+---------------+-------------+----------+-------------+-------------+
| 2             | 10          | Steven   | NULL        | 1           |
| 2             | 10          | Michael  | NULL        | 1           |
| 2             | 10          | Lucy     | NULL        | 1           |
| 0             | 0           | NULL     | NULL        | 4           |
| 2             | 10          | Will     | NULL        | 1           |
| 3             | 11          | Lucy     | 2010-01-03  | 1           |
| 1             | 1           | NULL     | 2010-01-03  | 1           |
| 1             | 1           | NULL     | 2012-11-03  | 1           |
| 3             | 11          | Steven   | 2012-11-03  | 1           |
| 1             | 1           | NULL     | 2013-10-02  | 1           |
| 3             | 11          | Will     | 2013-10-02  | 1           |
| 1             | 1           | NULL     | 2014-01-29  | 1           |
| 3             | 11          | Michael  | 2014-01-29  | 1           |
+---------------+-------------+----------+-------------+-------------+
13 rows selected (136.708 seconds)
```

집계 조건: HAVING

하이브 0.7.0 버전에서 HAVING은 GROUP BY 결과의 조건 필터를 지원하기 위해 추가됐다. HAVING을 사용하면 GROUP BY 뒤에 서브 쿼리를 사용하지 않아도 된다. 다음은 HAVING을 사용한 예제다.

```
jdbc:hive2://> SELECT sex_age.age FROM employee
 . . . . . . . .> GROUP BY sex_age.age HAVING count(*)<=1;
+--------------+
| sex_age.age  |
```

```
+-------------+
| 57          |
| 27          |
| 35          |
+-------------+
3 rows selected (74.376 seconds)
```

HAVING을 사용하지 않는다면 다음과 같이 인스턴스에 서브 쿼리를 사용할 수 있다.

```
jdbc:hive2://> SELECT a.age
. . . . . . . .> FROM
. . . . . . . .> (SELECT count(*) as cnt, sex_age.age
. . . . . . . .> FROM employee GROUP BY sex_age.age
. . . . . . . .> ) a WHERE a.cnt<=1;
+--------+
| a.age  |
+--------+
| 57     |
| 27     |
| 35     |
+--------+
3 rows selected (87.298 seconds)
```

분석 함수

하이브 0.11.0 버전부터 사용 가능한 분석 함수는 각 출력 값을 계산하기 위해 여러 입력 로우를 스캔하는 특별 그룹의 함수다. 분석 함수는 종종 OVER, PARTITION BY, ORDER BY, 윈도우 절과 함께 사용된다. 분석 함수는 그룹마다 결과 값을 한정하는 GROUP BY 절과 함께 사용되는 일반 집계 함수와 달리 OVER PARTITION을 통해 표현되는 유연한 조건을 사용해 입력 값이 정렬되고 그룹화된 윈도우에서 동작한다. 분석 함수로 집계 결과를 얻을 수 있지만, 집계 결과를 그룹핑하지 않는다. 분석 함수는 각 레코드별로 그룹 값을 여러 번 리턴한다. 분석 함수는 GROUP

BY 절보다 훌륭한 유연성과 기능을 가지고 있으며, 강력한 특수한 집계를 사용하여 하이브를 쉽게 사용할 수 있다. 분석 함수의 문법은 다음과 같다.

```
Function (arg1,..., argn) OVER ([PARTITION BY <...>] [ORDER BY <....>]
[<window_clause>])
```

`Function (arg1,..., argn)`는 다음 목록 중 하나다.

- 표준 집계: `COUNT()`, `SUM()`, `MIN()`, `MAX()`, `AVG()` 중 하나다.
- RANK: 특정 조건에 맞는 상위 N개의 로우를 찾는 것처럼 그룹 멤버의 등수를 매긴다.
- DENSE_RANK: RANK와 비슷하지만, 동점일 때 순위에 빈틈이 없도록 한다. 예를 들어, DENSE_RANK를 사용해 등수를 매기고, 두 선수가 초 단위까지 동일하게 들어오면 두 선수는 2등에 두고, 그다음에 들어오는 선수를 3등으로 순서를 매긴다. 하지만, RANK 함수는 두 명이 동시에 들어오면 다음에 들어오는 사람은 4등이 된다.
- ROW_NUMBER: 파티션과 순서 명세에 따라, 각 로우에 1부터 유일한 일련 숫자를 할당한다.
- CUME_DIST: 현재 로우값보다 작거나 같은 값을 가진 로우의 개수를 전체 로우의 개수로 나눈 값이다.
- PERCENT_RANK: CUME_DIST와 비슷하지만 로우 개수를 사용하지 않고, 랭크를 사용해 '(로우의 전체 개수 - 1) / (현재 rank - 1)'을 계산한다. 그래서 그룹 값 대비 로우의 상대적인 값을 퍼센티지로 리턴한다.
- NTILE: 정렬된 데이터 집합을 버킷 개수만큼 분할하고, 각 행마다 버킷 번호를 지정한다. 로우를 동일한 집단으로 나눈 후, 각 로우에 숫자를 할당한다.
- LEAD: LEAD 함수인 `lead(value_expr[,offset[,default]])`는 현재 형을 기준으로 offset 이후 로우의 `value_expr` 값을 반환한다. `value_expr` 값은 옵션으로 명세할 수 있다. offset 값을 명세하지 않으면 lead 함수는 기본으로 하나의 로우를 대상으로 진행한다. `[,default]`에 기본 값을 명세하지 않고, 윈도

우의 끝에서 현재 로우가 확장되면 [,default] 값 또는 null을 리턴한다.

- LAG: LAG 함수인 lag(value_expr[,offset[,default]])은 현재 행을 기준으로 offset 이전 로우의 value_expr 값을 반환한다. value_expr은 옵션으로 명세할 수 있다. offset 값을 명세하지 않으면 lag 함수는 기본으로 하나의 로우를 대상으로 진행한다. [,default]에 기본 값을 명세하지 않고, 윈도우의 끝에 현재 로우가 확장되면 [,default] 값 또는 null을 리턴한다.

- FIRST_VALUE: 정렬된 집합에서 1번째 결과를 리턴한다.

- LAST_VALUE: 정렬된 집합에서 마지막 결과를 리턴한다. LAST_VALUE를 기본 윈도우 절에서 사용하면 기대치 못한 결과가 발생할 수 있다. 기본 윈도우 절이 현재 로우가 항상 마지막 값이 되는 것을 의미하는 RANGE BETWEEN UNBOUNDED PRECEDING AND CURRENT ROW이기 때문이다. 윈도우 절을 RANGE BETWEEN UNBOUNDED PRECEDING AND UNBOUNDED FOLLOWING으로 변경하면 원하는 결과를 얻을 수 있을 것이다(다음 예제에서 last_value 칼럼을 확인한다).

[PARTITION BY <...>] 문은 GROUP BY 절과 비슷하다. [PARTITION BY <...>] 문은 로우를 칼럼 단위로 분할된 식별 값을 가진 그룹으로 나눈다. 이 논리적인 그룹은 파티션 테이블에 사용되는 개념과 같지 않으며, 파티션이라 부른다. PARTITION BY 문을 생략하면, 테이블의 모든 로우에 분석 함수를 적용한다는 의미다.

[ORDER BY <....>] 절은 ORDER BY expr [ASC|DESC] 절과 같다. ORDER BY 문은 기존 DBMS의 ORDER BY 문과 동일하다. PARTITION BY 절로 생성되는 로우는 오름차순 또는 내림차순 정렬과 같은 명세에 따라 정렬된다. 하이브는 2.1.0 버전 이전에는 ORDER BY에 하나의 칼럼만 사용할 수 있으며, 여러 칼럼을 사용하면 의미상 예외가 발생할 것이다(HIVE-4662, https://issues.apache.org/jira/browse/HIVE-4662). 해결책은 윈도우 절에 rows unbounded preceding을 사용하는 것이다(다음 예제에서 runningTotal2 칼럼 참고). 하이브 2.1.0 버전부터 ORDER BY에 여러 칼럼을 사용할 수 있다.

- 데모를 위해 테이블과 데이터를 준비한다.

```
jdbc:hive2://> CREATE TABLE IF NOT EXISTS employee_contract
. . . . . . . .> (
. . . . . . . .> name string,
. . . . . . . .> dept_num int,
. . . . . . . .> employee_id int,
. . . . . . . .> salary int,
. . . . . . . .> type string,
. . . . . . . .> start_date date
. . . . . . . .> )
. . . . . . . .> ROW FORMAT DELIMITED
. . . . . . . .> FIELDS TERMINATED BY '|'
. . . . . . . .> STORED AS TEXTFILE;
No rows affected (0.282 seconds)


jdbc:hive2://> LOAD DATA LOCAL INPATH
. . . . . . . .> '/home/dayongd/Downloads/employee_contract.txt'
. . . . . . . .> OVERWRITE INTO TABLE employee_contract;
No rows affected (0.48 seconds)
```

- 다음처럼 일반 집계를 분석 함수로 사용된다.

```
jdbc:hive2://> SELECT name, dept_num, salary,
. . . . . . . .> COUNT(*) OVER (PARTITION BY dept_num) AS row_cnt,
. . . . . . . .> SUM(salary) OVER(PARTITION BY dept_num
. . . . . . . .> ORDER BY dept_num) AS deptTotal,
. . . . . . . .> SUM(salary) OVER(ORDER BY dept_num)
. . . . . . . .> AS runningTotal1, SUM(salary)
. . . . . . . .> OVER(ORDER BY dept_num, name rows unbounded
. . . . . . . .> preceding) AS runningTotal2
. . . . . . . .> FROM employee_contract
. . . . . . . .> ORDER BY dept_num, name;
```

name	dept_num	salary	row_cnt	deptTotal	runningTotal1	runningTotal2
Lucy	1000	5500	5	24900	24900	5500
Michael	1000	5000	5	24900	24900	10500
Steven	1000	6400	5	24900	24900	16900

```
|Will   |1000    |4000  |5       |24900    |24900        |24900        |
|Will   |1000    |4000  |5       |24900    |24900        |20900        |
|Jess   |1001    |6000  |3       |17400    |42300        |30900        |
|Lily   |1001    |5000  |3       |17400    |42300        |35900        |
|Mike   |1001    |6400  |3       |17400    |42300        |42300        |
|Richard|1002    |8000  |3       |20500    |62800        |50300        |
|Wei    |1002    |7000  |3       |20500    |62800        |57300        |
|Yun    |1002    |5500  |3       |20500    |62800        |62800        |
+-------+--------+------+-------+---------+-------------+-------------+

11 rows selected (359.918 seconds)
```

- 다른 분석 함수는 다음과 같이 사용된다.

```
jdbc:hive2://> SELECT name, dept_num, salary,
. . . . . . . .> RANK() OVER (PARTITION BY dept_num ORDER BY salary)
. . . . . . .> AS rank,
. . . . . . .> DENSE_RANK()
. . . . . . .> OVER (PARTITION BY dept_num ORDER BY salary)
. . . . . . .> AS dense_rank, ROW_NUMBER() OVER () AS row_num,
. . . . . . .> ROUND((CUME_DIST() OVER (PARTITION BY dept_num
. . . . . . .> ORDER BY salary)), 1) AS cume_dist,
. . . . . . .> PERCENT_RANK() OVER(PARTITION BY dept_num
. . . . . . .> ORDER BY salary) AS percent_rank, NTILE(4)
. . . . . . .> OVER(PARTITION BY dept_num ORDER BY salary)
. . . . . . .> AS ntile
. . . . . . .> FROM employee_contract ORDER BY dept_num;
```

name	dept_num	salary	rank	dense_rank	row_num	cume_dist	percent_rank	ntile
Will	1000	4000	1	1	11	0.4	0.0	1
Will	1000	4000	1	1	10	0.4	0.0	1
Michael	1000	5000	3	2	9	0.6	0.5	2
Lucy	1000	5500	4	3	8	0.8	0.75	3
Steven	1000	6400	5	4	7	1.0	1.0	4
Lily	1001	5000	1	1	6	0.3	0.0	1
Jess	1001	6000	2	2	5	0.7	0.5	2
Mike	1001	6400	3	3	4	1.0	1.0	3
Yun	1002	5500	1	1	3	0.3	0.0	1
Wei	1002	7000	2	2	2	0.7	0.5	2
Richard	1002	8000	3	3	1	1.0	1.0	3

```
11 rows selected (367.112 seconds)

jdbc:hive2://> SELECT name, dept_num, salary,
. . . . . . .> LEAD(salary, 2) OVER(PARTITION BY dept_num
. . . . . . .> ORDER BY salary) AS lead,
. . . . . . .> LAG(salary, 2, 0) OVER(PARTITION BY dept_num
. . . . . . .> ORDER BY salary) AS lag,
. . . . . . .> FIRST_VALUE(salary) OVER (PARTITION BY dept_num
. . . . . . .> ORDER BY salary) AS first_value,
. . . . . . .> LAST_VALUE(salary) OVER (PARTITION BY dept_num
. . . . . . .> ORDER BY salary) AS last_value_default,
. . . . . . .> LAST_VALUE(salary) OVER (PARTITION BY dept_num
. . . . . . .> ORDER BY salary
. . . . . . .> RANGE BETWEEN UNBOUNDED PRECEDING
. . . . . . .> AND UNBOUNDED FOLLOWING) AS last_value
. . . . . . .> FROM employee_contract ORDER BY dept_num;
```

name	dept_num	salary	lead	lag	first_value	last_value_default	last_value
Will	1000	4000	5000	0	4000	4000	6400
Will	1000	4000	5500	0	4000	4000	6400
Michael	1000	5000	6400	4000	4000	5000	6400
Lucy	1000	5500	NULL	4000	4000	5500	6400
Steven	1000	6400	NULL	5000	4000	6400	6400
Lily	1001	5000	6400	0	5000	5000	6400
Jess	1001	6000	NULL	0	5000	6000	6400
Mike	1001	6400	NULL	5000	5000	6400	6400
Yun	1002	5500	8000	0	5500	5500	8000
Wei	1002	7000	NULL	0	5500	7000	8000
Richard	1002	8000	NULL	5500	5500	8000	8000

```
11 rows selected (92.572 seconds)
```

[<window_clause>] 절은 결과를 분할하고, 분석 함수를 적용하기 위해 사용된다. 해당 절은 두 개의 윈도우 타입, 즉 로우 타입 윈도우row type window와 범위 타입 윈도우range type window가 있다.

HIVE-4797(https://issues.apache.org/jira/browse/HIVE-4797)에 따르면 RANK, NTILE, DENSE_RANK, CUME_DIST, PERCENT_RANK, LEAD, LAG, ROW_NUMBER 함수는 아직 윈도우 절과 함께 사용할 수 없다.

로우 타입 윈도우는 현재 로우를 기준으로 앞 또는 뒤의 관점으로 정의된다. 로우 타입 윈도우 절의 일반적인 문법은 다음과 같다.

```
ROWS BETWEEN <start_expr> AND <end_expr>
```

<start_expr>은 다음 중 하나가 될 수 있다.

- UNBOUNDED PRECEDING
- CURRENT ROW
- N PRECEDING 또는 FOLLOWING

<end_expr>은 다음 중 하나가 될 수 있다.

- UNBOUNDED FOLLOWING
- CURRENT ROW
- N PRECEDING 또는 FOLLOWING

다음은 윈도우 표현식이다.

- BETWEEN … AND: 윈도우의 시작 지점과 마지막 지점을 명세하기 위해 BETWEEN...AND 절을 사용한다. AND 앞의 표현식은 시작 지점을 정의하고, AND 뒤의 표현식은 마지막 지점을 정의한다. ROWS N PRECEDING 또는 ROWS UNBOUNDED PRECEDING와 같이 BETWEEN...AND 절을 생략한다면, 하이브는 기본적으로 윈도우의 처음 또는 N번째 앞 부분을 시작 지점으로, 현재 로우를 마지막 지점으로 간주한다(다음 예제에서 win13 칼럼을 살펴본다).

- N PRECEDING 또는 FOLLOWING: 현재 로우의 앞/뒤로 N개의 로우를 의미한다.

- UNBOUNDED PRECEDING: 윈도우가 파티션의 1번째 로우에서 시작함을 알린다. 이것은 시작 지점을 명세하지만, 마지막 지점을 명세하는 데 사용하지 않는다.

- UNBOUNDED FOLLOWING: 윈도우가 파티션의 마지막 로우에 끝나는 것을 알린다. 마지막 지점을 명세하지만, 시작 지점을 명세하는 데 사용되지 않는다.

- UNBOUNDED PRECEDING AND UNBOUNDED FOLLOWING: 테이블의 모든 로우에 대해서 1번째와 마지막 지점을 알린다(다음 예제의 win12 칼럼을 살펴본다).

- CURRENT ROW: 시작 지점으로 쓰일 때는 CURRENT ROW는 ROW 또는 RANGE의 지정 여부에 따라, 윈도우가 현재 로우 또는 값에서 시작할 수 있도록 명세한다(RANGE는 6장 후반부에서 소개한다). 시작 지점을 쓸 때 마지막 지점은 N PRECEDING이 될 수 없다. 마지막 지점으로 쓰일 때는, CURRENT ROW는 ROW 또는 RANGE의 지정 여부에 따라 윈도우가 현재 로우 또는 값에서 끝낼 수 있도록 명세한다. 마지막 지점일 때, 시작 지점은 N FOLLOWING이 될 수 없다.

다음은 이전에 정의한 내용을 더 쉽게 이해할 수 있는 그림이다.

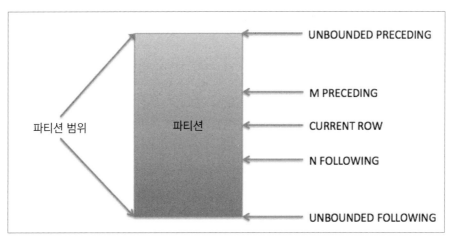

윈도우 표현 정의

다음은 윈도우 표현식을 구현한 예제다.

```
jdbc:hive2://> SELECT name, dept_num AS dept, salary AS sal,
. . . . . . . .> MAX(salary) OVER (PARTITION BY dept_num ORDER BY
. . . . . . . .> name ROWS
. . . . . . . .> BETWEEN 2 PRECEDING AND CURRENT ROW) win1,
. . . . . . . .> MAX(salary) OVER (PARTITION BY dept_num ORDER BY
. . . . . . . .> name ROWS
. . . . . . . .> BETWEEN 2 PRECEDING AND UNBOUNDED FOLLOWING) win2,
. . . . . . . .> MAX(salary) OVER (PARTITION BY dept_num ORDER BY
. . . . . . . .> name ROWS
. . . . . . . .> BETWEEN 1 PRECEDING AND 2 FOLLOWING) win3,
. . . . . . . .> MAX(salary) OVER (PARTITION BY dept_num ORDER BY
. . . . . . . .> name ROWS
. . . . . . . .> BETWEEN 2 PRECEDING AND 1 PRECEDING) win4,
. . . . . . . .> MAX(salary) OVER (PARTITION BY dept_num ORDER BY
. . . . . . . .> name ROWS
. . . . . . . .> BETWEEN 1 FOLLOWING AND 2 FOLLOWING) win5,
. . . . . . . .> MAX(salary) OVER (PARTITION BY dept_num ORDER BY
. . . . . . . .> name ROWS
. . . . . . . .> BETWEEN CURRENT ROW AND CURRENT ROW) win7,
. . . . . . . .> MAX(salary) OVER (PARTITION BY dept_num ORDER BY
. . . . . . . .> name ROWS
. . . . . . . .> BETWEEN CURRENT ROW AND 1 FOLLOWING) win8,
. . . . . . . .> MAX(salary) OVER (PARTITION BY dept_num ORDER BY
. . . . . . . .> name ROWS
. . . . . . . .> BETWEEN CURRENT ROW AND UNBOUNDED FOLLOWING) win9,
. . . . . . . .> MAX(salary) OVER (PARTITION BY dept_num ORDER BY
. . . . . . . .> name ROWS
. . . . . . . .> BETWEEN UNBOUNDED PRECEDING AND CURRENT ROW) win10,
. . . . . . . .> MAX(salary) OVER (PARTITION BY dept_num ORDER BY
. . . . . . . .> name ROWS
. . . . . . . .> BETWEEN UNBOUNDED PRECEDING AND 1 FOLLOWING) win11,
. . . . . . . .> MAX(salary) OVER (PARTITION BY dept_num ORDER BY
. . . . . . . .> name ROWS BETWEEN UNBOUNDED PRECEDING AND UNBOUNDED
. . . . . . . .> FOLLOWING) win12,
. . . . . . . .> MAX(salary) OVER (PARTITION BY dept_num ORDER BY
. . . . . . . .> name ROWS 2 PRECEDING) win13
. . . . . . . .> FROM employee_contract
. . . . . . . .> ORDER BY dept_num, name;
```

```
+-------+----+----+----+----+----+----+----+----+----+-----+-----+-----+-----+
|name   |dept|sal |win1|win2|win3|win4|win5|win7|win8|win9|win10|win11|win12|win13|
+-------+----+----+----+----+----+----+----+----+----+-----+-----+-----+-----+
|Lucy   |1000|5500|5500|6400|6400|NULL|6400|5500|5500|6400|5500 |5500 |6400 |5500 |
|Michael|1000|5000|5500|6400|6400|NULL|6400|5000|6400|6400|5500 |6400 |6400 |5500 |
|Steven |1000|6400|6400|6400|6400|NULL|4000|6400|6400|6400|6400 |6400 |6400 |6400 |
|Will   |1000|4000|6400|6400|4000|NULL|NULL|4000|4000|4000|6400 |6400 |6400 |6400 |
|Will   |1000|4000|6400|6400|6400|NULL|4000|4000|4000|4000|6400 |6400 |6400 |6400 |
|Jess   |1001|6000|6000|6400|6400|NULL|6400|6000|6000|6400|6000 |6000 |6400 |6000 |
|Lily   |1001|5000|6000|6400|6400|NULL|6400|5000|6400|6400|6000 |6400 |6400 |6000 |
|Mike   |1001|6400|6400|6400|6400|NULL|NULL|6400|6400|6400|6400 |6400 |6400 |6400 |
|Richard|1002|8000|8000|8000|8000|NULL|7000|8000|8000|8000|8000 |8000 |8000 |8000 |
|Wei    |1002|7000|8000|8000|8000|NULL|5500|7000|7000|7000|8000 |8000 |8000 |8000 |
|Yun    |1002|5500|8000|8000|7000|NULL|NULL|5500|5500|5500|8000 |8000 |8000 |8000 |
+-------+----+----+----+----+----+----+----+----+----+-----+-----+-----+-----+
11 rows selected (168.732 seconds)
```

이전 예제에서 win4 칼럼이 NULL인 것을 볼 수 있다. 그 이유는 <start_expr>로 명세된 로우가 <end_expr>로 명세된 로우보다 작아야 하는데, 그러지 않아서 NULL이 발생한 것이다. 그러나 재정렬로 수정하기 위해 PRECEDING 키워드를 사용하면, 예외가 발생할 수 있고 UNBOUNDED PRECEDING 키워드도 동일하게 발생한다. 해당 윈도우 이슈(HIVE-9412, https://issues.apache.org/jira/browse/HIVE-9412)는 2.0.0 버전 이전에는 해결되지 않았으나 2.0.0 버전 이후에서는 해결됐다. 다음은 2.0.0 버전 이전에서 실행 시 나타나는 에러 내용이다.

```
jdbc:hive2://> SELECT name, dept_num, salary,
. . . . . . .> MAX(salary) OVER (PARTITION BY dept_num ORDER BY
. . . . . . .> name ROWS
. . . . . . .> BETWEEN 2 PRECEDING AND 1 PRECEDING) win4_alter
. . . . . . .> FROM employee_contract
. . . . . . .> ORDER BY dept_num, name;
Error: Error while compiling statement: FAILED: SemanticException Failed
to breakup Windowing invocations into Groups. At least 1 group must only
depend on input columns. Also check for circular dependencies.
Underlying error: Window range invalid, start boundary is greater than
end boundary: window(start=range(2 PRECEDING), end=range(1 PRECEDING))
(state=42000,code=40000)
```

```
jdbc:hive2://> SELECT name, dept_num, salary,
. . . . . . . .> MAX(salary) OVER (PARTITION BY dept_num ORDER BY
. . . . . . . .> name ROWS
. . . . . . . .> BETWEEN UNBOUNDED PRECEDING AND 1 PRECEDING) win1
. . . . . . . .> FROM employee_contract
. . . . . . . .> ORDER BY dept_num, name;
Error: Error while compiling statement: FAILED: SemanticException End of
a WindowFrame cannot be UNBOUNDED PRECEDING (state=42000,code=40000)
```

추가적으로 윈도우는 다음처럼 분리된 WINDOW 절을 사용하거나, 다른 WINDOW 절을 참조하면서 정의할 수 있다.

```
jdbc:hive2://> SELECT name, dept_num, salary,
. . . . . . . .> MAX(salary) OVER w1 AS win1,
. . . . . . . .> MAX(salary) OVER w1 AS win2,
. . . . . . . .> MAX(salary) OVER w1 AS win3
. . . . . . . .> FROM employee_contract
. . . . . . . .> ORDER BY dept_num, name
. . . . . . . .> WINDOW
. . . . . . . .> w1 AS (PARTITION BY dept_num ORDER BY name
. . . . . . . .> ROWS BETWEEN 2 PRECEDING AND CURRENT ROW),
. . . . . . . .> w2 AS w3,
. . . . . . . .> w3 AS (PARTITION BY dept_num ORDER BY name
. . . . . . . .> ROWS BETWEEN 1 PRECEDING AND 2 FOLLOWING);
```

name	dept_num	salary	win1	win2	win3
Lucy	1000	5500	5500	5500	5500
Michael	1000	5000	5500	5500	5500
Steven	1000	6400	6400	6400	6400
Will	1000	4000	6400	6400	6400
Will	1000	4000	6400	6400	6400
Jess	1001	6000	6000	6000	6000
Lily	1001	5000	6000	6000	6000
Mike	1001	6400	6400	6400	6400
Richard	1002	8000	8000	8000	8000

```
| Wei        | 1002       | 7000    | 8000  | 8000  | 8000  |
| Yun        | 1002       | 5500    | 8000  | 8000  | 8000  |
+----------+----------+---------+-------+-------+-------+
```
11 rows selected (156.902 seconds)

로우 관점으로 보는 로우 타입 윈도우와 비교해서 로우 타입 윈도우는 현 ORDER BY 칼럼(데이터 타입 또는 숫자이어야 한다)의 전후의 값 관점으로 본다. 지금까지 범위 타입 윈도우에서 ORDER BY 칼럼만 지원한다.

```
jdbc:hive2://> SELECT name, salary, start_year,
. . . . . . . .> MAX(salary) OVER (PARTITION BY dept_num ORDER BY
. . . . . . . .> start_year RANGE
. . . . . . . .> BETWEEN 2 PRECEDING AND CURRENT ROW) win1
. . . . . . . .> FROM
. . . . . . . .> (
. . . . . . . .>   SELECT name, salary, dept_num,
. . . . . . . .>   YEAR(start_date) AS start_year
. . . . . . . .>   FROM employee_contract
. . . . . . . .> ) a;
+----------+---------+-------------+-------+
|  name    | salary  | start_year  | win1  |
+----------+---------+-------------+-------+
| Lucy     | 5500    | 2010        | 5500  |
| Steven   | 6400    | 2012        | 6400  |
| Will     | 4000    | 2013        | 6400  |
| Will     | 4000    | 2014        | 6400  |
| Michael  | 5000    | 2014        | 6400  |
| Mike     | 6400    | 2013        | 6400  |
| Jess     | 6000    | 2014        | 6400  |
| Lily     | 5000    | 2014        | 6400  |
| Wei      | 7000    | 2010        | 7000  |
| Richard  | 8000    | 2013        | 8000  |
| Yun      | 5500    | 2014        | 8000  |
+----------+---------+-------------+-------+
```
11 rows selected (92.035 seconds)

윈도우 절을 완전히 생략하면 기본 윈도우는 RANGE BETWEEN UNBOUNDED PRECEDING AND CURRENT ROW다.

샘플링

데이터 크기가 매우 크다면, 데이터 분석을 빨리하기 위해 데이터의 부분 집합을 찾아야 한다. 패턴과 트렌드를 식별하기 위해 데이터의 부분 집합을 고르고 선택할 수 있는 기술인 샘플링이 있다. 하이브는 데이터를 샘플링하는 세 가지 방법으로 랜덤 샘플링random sampling, 버킷 테이블 샘플링bucket table sampling, 블록 샘플링block sampling을 제공한다.

랜덤 샘플링은 다시 예제에서 보여준 것처럼 샘플링된 데이터를 얻기 위해 RAND() 함수와 LIMIT 키워드를 사용한다. 데이터를 랜덤하게 매퍼와 리듀서에 효율적으로 분배하기 위해 DISTRIBUTE와 SORT 키워드를 사용하기도 한다. ORDER BY RAND() 문도 데이터를 랜덤하게 얻어올 수 있지만, 성능이 좋지 않다.

```
SELECT * FROM <Table_Name> DISTRIBUTE BY RAND() SORT BY RAND()
LIMIT <N rows to sample>;
```

버킷 테이블 샘플링은 다음 문법과 예제에서 보는 것처럼 버킷 테이블에 대해 최적화된 특별한 샘플링이다. colname 값은 데이터를 샘플링할 칼럼을 명세한다. RAND() 함수는 샘플링을 전체 로우를 대상으로 할 때 사용될 수 있다. 샘플링이 되는 칼럼은 CLUSTERED BY에서 사용될 수도 있으며, TABLESAMPLE 문에서 더 효율적으로 쓰일 수 있다.

```
--문법
SELECT * FROM <Table_Name>
TABLESAMPLE(BUCKET <specified bucket number to sample> OUT OF <total
number of buckets> ON [colname|RAND()]) table_alias;
```

```
jdbc:hive2://> SELECT name FROM employee_id_buckets
. . . . . . . .> TABLESAMPLE(BUCKET 1 OUT OF 2 ON rand()) a;
+----------+
|   name   |
+----------+
| Lucy     |
| Shelley  |
| Lucy     |
| Lucy     |
| Shelley  |
| Lucy     |
| Will     |
| Shelley  |
| Michael  |
| Will     |
| Will     |
| Will     |
| Will     |
| Will     |
| Lucy     |
+----------+
15 rows selected (0.07 seconds)
```

블록 샘플링은 N개의 로우, 데이터 크기의 퍼센트(n퍼센트), 데이터의 N바이트 크기를 랜덤하게 선택할 수 있다. 샘플링 단위는 HDFS 블록 크기다. 샘플링 문법과 예제는 다음과 같다.

```
--문법
SELECT *
FROM <Table_Name> TABLESAMPLE(N PERCENT|ByteLengthLiteral|N ROWS) s;

-- ByteLengthLiteral
-- (Digit)+ ('b' | 'B' | 'k' | 'K' | 'm' | 'M' | 'g' | 'G')

--로우로 샘플링한다.
jdbc:hive2://> SELECT name
```

```
. . . . . . .> FROM employee_id_buckets TABLESAMPLE(4 ROWS) a;
+----------+
|   name   |
+----------+
| Lucy     |
| Shelley  |
| Lucy     |
| Shelley  |
+----------+
4 rows selected (0.055 seconds)
```

--데이터 크기 비율로 샘플링한다.
```
jdbc:hive2://> SELECT name
. . . . . . .> FROM employee_id_buckets TABLESAMPLE(10 PERCENT) a;
+----------+
|   name   |
+----------+
| Lucy     |
| Shelley  |
| Lucy     |
+----------+
3 rows selected (0.061 seconds)
```

--데이터 크기별로 샘플링한다.
```
jdbc:hive2://> SELECT name
. . . . . . .> FROM employee_id_buckets TABLESAMPLE(3M) a;
+----------+
|   name   |
+----------+
| Lucy     |
| Shelley  |
| Lucy     |
| Shelley  |
| Lucy     |
| Shelley  |
| Lucy     |
| Shelley  |
```

```
| Lucy     |
| Will     |
| Shelley  |
| Lucy     |
| Will     |
| Shelley  |
| Michael  |
| Will     |
| Shelley  |
| Lucy     |
| Will     |
| Will     |
| Will     |
| Will     |
| Will     |
| Lucy     |
| Shelley  |
+----------+
```
25 rows selected (0.07 seconds)

요약

6장에서는 기본 집계 함수를 사용해 데이터를 집계하는 방법을 다루고, GROUPING SETS, ROLLUP, CUBE 등 고급 집계 함수뿐 아니라 HAVING을 이용한 집계 조건을 소개했다. 다양한 분석 함수와 윈도우 절을 다뤘으며, 데이터를 샘플링할 수 있는 세 가지 방법을 소개했다. 6장을 충분히 이해했다면 하이브에서 기초 집계와 고급 집계를 다루고, 데이터 샘플링이 가능할 것이다.

다음 7장에서는 하이브 성능에 대한 고려 사항을 이야기한다.

7 성능 고려 사항

하이브는 빅데이터를 처리하기 위해 만들어졌지만, 여전히 성능의 중요성을 무시할 수 없기 때문에 하이브 쿼리의 성능을 높여주는 똑똑한 쿼리 옵티마이저 query optimizer를 대부분 의존하고 있다. 쿼리 옵티마이저는 가장 최선의 실행 전략뿐 아니라 외부 업체의 패키지에서 선정한 가장 좋은 설정으로 동작시킬 수 있다. 하지만, 하이브에 대한 경력이 많은 사용자라면, 하이브의 성능 튜닝에 대한 이론과 실제에 대해서 배울 것이다. 특별히 성능이 중요시되는 프로젝트나 환경에서 작업할 때는 성능에 대한 내용을 더 알아야 한다. 7장에서는 성능을 저하시키는 잠재적인 이슈를 찾을 수 있도록 하이브의 유틸리티부터 시작할 것이다. 이후에 설계, 파일 포맷, 압축, 저장소, 쿼리, 작업의 영역에서 성능 고려 사항에 대한 모범 사례를 소개할 것이다.

7장에서는 다음 주제를 다룬다.

- 성능 유틸리티
- 설계 최적화
- 데이터 파일 최적화
- 작업과 쿼리 최적화

성능 유틸리티

하이브는 쿼리의 성능을 확인하고 식별할 수 있는 유틸리티로 EXPLAIN과 ANALYZE 문을 제공한다.

EXPLAIN 문

하이브는 질의를 실행하지 않고 쿼리의 실행 계획을 리턴하는 EXPLAIN 커맨드를 제공한다. 쿼리가 성능에 영향을 줄 것 같다면 쿼리에 대해 EXPLAIN 커맨드를 사용할 수 있다. EXPLAIN 커맨드로 두 개 이상의 쿼리에 대한 실행 계획의 차이점을 볼 수 있다. EXPLAIN 커맨드의 문법은 다음과 같다.

```
EXPLAIN [EXTENDED|DEPENDENCY|AUTHORIZATION] hive_query
```

EXPLAIN 커맨드는 다음 키워드와 함께 사용할 수 있다.

- EXTENDED: 실행 계획에서 명령어에 대한 추가 정보(예, 파일의 경로 이름, 추상화 구문 트리)를 제공한다.
- DEPENDENCY: 쿼리가 의존하는 파티션과 테이블의 목록 결과를 JSON 포맷으로 제공한다. 하이브 0.10.0 버전부터 사용할 수 있다.
- AUTHORIZATION: 쿼리와 인증 실패를 실행하기 위해 인증되어야 할 모든 항목(입력과 출력을 포함)을 출력한다. 하이브 0.14.0 버전부터 사용할 수 있다.

일반적인 쿼리의 실행 계획은 다음 세 개의 섹션을 포함한다. 뒤에서 예제를 사용해 자세히 살펴볼 것이다.

- 추상 구문 트리AST, Abstract Syntax Tree: 하이브는 HQL에서 문법 트리를 자동으로 만들기 위해 ANTLR(http://www.antlr.org/를 참고)이라는 파서 생성기를 사용한다. 대부분 AST를 종종 무시할 수 있다.
- 단계 의존성: 쿼리를 실행하기 위해 사용되는 단계의 수와 모든 의존성을 출력한다.

- 저장소 계획: 작업을 실행하기 위해 필요한 명령어와 정렬 순서와 같은 중요한 정보를 포함한다.

다음은 일반적인 쿼리의 실행 계획의 결과를 보여준다. 다음 예제에서는 EXPLAIN에 EXTENDED 키워드를 함께 사용하지 않는 관계로 AST 섹션을 볼 수 없다. STAGE DEPENDENCIES 섹션에서 Stage-0와 Stage-1은 독립적인 최상위 단계^{root stage}다. STAGE PLANS 섹션에서 Stage-1은 하나의 맵과 리듀스를 가지며, 각각 Map Operator Tree와 Reduce Operator Tree로 참조된다. 각 Map Operator Tree와 Reduce Operator Tree 섹션에서 하이브 쿼리 키워드에 연관된 모든 연산자 뿐 아니라 표현식과 집계도 출력한다. Stage-0 단계가 맵과 리듀스를 가지지 않는 것은 단지 패치 명령이기 때문이다.

```
jdbc:hive2://> EXPLAIN SELECT sex_age.sex, count(*)
. . . . . . .> FROM employee_partitioned
. . . . . . .> WHERE year=2014 GROUP BY sex_age.sex LIMIT 2;
+-----------------------------------------------------------------------------+
|                                  Explain                                    |
+-----------------------------------------------------------------------------+
| STAGE DEPENDENCIES:                                                         |
| Stage-1 is a root stage                                                     |
| Stage-0 is a root stage                                                     |
|                                                                             |
| STAGE PLANS:                                                                |
|   Stage: Stage-1                                                            |
|     Map Reduce                                                              |
|       Map Operator Tree:                                                    |
|         TableScan                                                           |
|           alias: employee_partitioned                                       |
|           Statistics: Num rows: 0 Data size: 227 Basic stats:PARTIAL        |
|                       Column stats: NONE                                    |
|           Select Operator                                                   |
|             expressions: sex_age (type: struct<sex:string,age:int>)         |
|             outputColumnNames: sex_age                                      |
|             Statistics: Num rows: 0 Data size: 227 Basic stats:PARTIAL      |
|                         Column stats: NONE                                  |
```

```
|        Group By Operator                                           |
|          aggregations: count()                                     |
|          keys: sex_age.sex (type: string)                          |
|          mode: hash                                                |
|          outputColumnNames: _col0, _col1                           |
|          Statistics: Num rows: 0 Data size: 227 Basic stats:PARTIAL |
|                    Column stats: NONE                              |
|          Reduce Output Operator                                    |
|            key expressions: _col0 (type: string)                   |
|            sort order: +                                           |
|            Map-reduce partition columns: _col0 (type: string)      |
|            Statistics: Num rows: 0 Data size: 227 Basic stats:PARTIAL|
|                    Column stats: NONE                              |
|            value expressions: _col1 (type: bigint)                 |
|      Reduce Operator Tree:                                         |
|        Group By Operator                                           |
|          aggregations: count(VALUE._col0)                          |
|          keys: KEY._col0 (type: string)                            |
|          mode: mergepartial                                        |
|          outputColumnNames: _col0, _col1                           |
|          Statistics: Num rows: 0 Data size: 0 Basic stats: NONE    |
|                    Column stats: NONE                              |
|          Select Operator                                          |
|            expressions: _col0 (type: string), _col1 (type: bigint) |
|            outputColumnNames: _col0, _col1                         |
|            Statistics: Num rows: 0 Data size: 0 Basic stats: NONE  |
|                    Column stats: NONE                              |
|            Limit                                                  |
|              Number of rows: 2                                     |
|              Statistics: Num rows: 0 Data size: 0 Basic stats: NONE |
|                    Column stats: NONE                              |
|              File Output Operator                                  |
|                compressed: false                                   |
|                Statistics: Num rows: 0 Data size: 0 Basic stats: NONE |
|                    Column stats: NONE                              |
|                table:                                              |
|                    input format: org.apache.hadoop.mapred.TextInputFormat |
|  output format:org.apache.hadoop.hive.ql.io.HiveIgnoreKeyTextOutputFormat|
|                    serde:org.apache.hadoop.hive.serde2.lazy.LazySimpleSerDe|
```

```
|                                                                       |
|    Stage: Stage-0                                                     |
|       Fetch Operator                                                  |
|          limit: 2                                                     |
+-----------------------------------------------------------------------+
53 rows selected (0.26 seconds)
```

ANALYZE 문

하이브 통계는 하이브 데이터베이스의 객체를 기반으로 로우의 개수, 파일의 개수, 전체 데이터 크기와 같이 상세한 내용을 설명하는 데이터 집합이다. 즉, 하이브 통계는 하이브 데이터의 메타데이터다. 하이브는 테이블, 파티션, 칼럼 레벨에서 통계를 지원하고, 하이브 통계는 CBO[Cost-Based Optimizer]에 전달된다. CBO는 쿼리를 수행하기 위해 필요한 시스템 자원 관점에서 가장 적은 비용으로 쿼리 계획을 선택할 수 있는 옵티마이저다.

하이브 0.10.0 버전부터 ANALYZE 문을 통해 통계가 수집된다. 다음 예제에서 테이블, 파티션, 칼럼에 ANALYZE 문을 사용했다.

```
jdbc:hive2://> ANALYZE TABLE employee COMPUTE STATISTICS;
No rows affected (27.979 seconds)

jdbc:hive2://> ANALYZE TABLE employee_partitioned
. . . . . . .> PARTITION(year=2014, month=12) COMPUTE STATISTICS;
No rows affected (45.054 seconds)

jdbc:hive2://> ANALYZE TABLE employee_id COMPUTE STATISTICS
. . . . . . .> FOR COLUMNS employee_id;
No rows affected (41.074 seconds)
```

통계가 생성되면 DESCRIBE EXTENDED/FORMATTED 문으로 통계 정보를 확인할 수 있다. 테이블/파티션 출력에서 parameters:{numFiles=1, COLUMN_STATS_ACCURATE=true, transient_lastDdlTime=1417726247, numRows=4, totalSize=227, rawDataSize=223})와 같은 통계 정보를 확인할 수 있다. 다음은 관련 예제다.

```
jdbc:hive2://> DESCRIBE EXTENDED employee_partitioned
. . . . . . .> PARTITION(year=2014, month=12);

jdbc:hive2://> DESCRIBE EXTENDED employee;
...
parameters:{numFiles=1, COLUMN_STATS_ACCURATE=true, transient_
lastDdlTime=1417726247, numRows=4, totalSize=227, rawDataSize=223}).

jdbc:hive2://> DESCRIBE FORMATTED employee.name;
```

col_name	data_type	min	max	num_nulls	distinct_count	avg_col_len	max_col_len
name	string			0	5	5.6	7

num_trues	num_falses	comment
		from deserializer

```
3 rows selected (0.116 seconds)
```

매번 하이브 통계를 계산하는 것을 방지하기 위해 메타 저장소에 저장된다. hive. stats.autogather 설정을 다음과 같이 활성화하면, 새롭게 생성된 테이블과 파티션, 통계가 기본적으로 자동 계산된다.

```
jdbc:hive2://> SET hive.stats.autogather=ture;
```

 하이브 로그

로그는 하이브 쿼리와 작업이 어떻게 동작하는지 알 수 있는 유용한 정보를 제공한다. 하이브 로그를 확인해 성능을 저하시킬만한 런타임 문제와 이슈를 식별할 수 있다. 하이브에는 두 가지 로그 타입인 시스템 로그와 작업 로그가 있다.

시스템 로그는 하이브의 실행 상태와 이슈를 포함한다. {HIVE_HOME}/conf/hive-log4j.properties에서 시스템 로그를 설정할 수 있다. 해당 로그 파일에서 다음 세 라인을 발견할 수 있다.

```
hive.root.logger=WARN,DRFA
hive.log.dir=/tmp/${user.name}
hive.log.file=hive.log
```

상태를 변경하려면 앞에서 소개한 hive-log4j.properties(모든 사용자에 적용)의 내용을 수정하거나, 하이브 CLI(현재 사용자와 현재 세션에만 적용)로 다음과 같이 설정한다.

hive --hiveconf hive.root.logger=DEBUG,console

작업 로그는 하이브 쿼리 정보를 포함하며, 하이브 사용자의 세션을 각각 하나의 파일로 관리되어 /tmp/${user.name}라는 장소에 기본적으로 저장된다. hive-site.xml에서 hive.querylog.location 속성으로 작업 로그를 덮어쓸 수 있다. 하이브 쿼리가 맵리듀스 작업을 생성한다면 하둡 잡트래커(Hadoop JobTracker)의 웹 UI에서 작업 로그를 볼 수 있다.

설계 최적화

설계 최적화는 성능을 향상시키기 위해 몇 가지 데이터 레이아웃과 설계 전략을 다룬다.

파티션 테이블

하이브 파티셔닝은 큰 테이블에서 실행되는 쿼리의 성능을 개선할 수 있는 가장 효율적인 방법 중 하나다. 파티션 필터링이 있는 쿼리는 특정 파티션(하위 디렉토리)에서만 데이터를 로드하기 때문에, 파티션이 없는 필드에서 필터링하는 일반적인 쿼리보다 훨씬 빨리 실행할 수 있다. 파티션 키를 선택하는 것은 성능에서 항상 중요한 요소다. 많은 하위 디렉토리의 오버헤드를 피하기 위해 하이브 파티션를 항상 작은 개수로 쓰는 것이 좋다.

다음은 일반적으로 사용하는 파티션 키의 범위다.

- 날짜와 시간으로 구분된 파티션: 데이터가 시간과 연관이 있으면 연도, 달, 일(시간도 사용 가능)과 같은 날짜와 시간을 파티션 키로 사용한다.

- 위치로 구분된 파티션: 데이터가 위치와 관련이 있다면, 국가, 지역, 주, 도시를 파티션 키로 사용한다.
- 비지니스 로직으로 구분된 파티션: 데이터가 일부 비지니스 로직으로 데이터가 균등하게 분리할 수 있을 때 부서, 영역 구역, 애플리케이션, 고객 등을 파티션 키로 사용한다.

버킷 테이블

파티셔닝과 비슷한 버킷 테이블은 HDFS에서 분리된 파일로 데이터를 구성한다. 버킷 작업을 할 때, 버킷에 샘플링을 해서 데이터 샘플링의 속도를 빠르게 할 수 있다. 또한 버킷 작업을 할 때, 버킷 키를 조인 키로 사용한다면 특정 버킷에만 존재하는 키에 대해 조인을 하기 때문에 조인 성능을 높일 수도 있다. 7장의 '작업과 쿼리 최적화 최적화' 절에서 상세히 다룬다.

인덱스

RDMS에서 특정 칼럼 또는 칼럼 집합에 빠르게 접근하고 싶을 때, 인덱스를 사용하는 것처럼, 인덱스는 매우 일반적인 개념이다. 하이브는 0.7.0 버전부터 테이블/파티션의 인덱스를 생성할 수 있다. 하이브의 인덱스는 키를 기반으로 하는 데이터 뷰와 WHERE, GROUP BY, JOIN과 같은 특정 명령어를 사용해 데이터를 쉽게 접근할 수 있게 한다. 전체 테이블을 스캔하는 비용보다 싸게 인덱스를 사용할 수 있다. 하이브에서 인덱스를 생성할 수 있는 커맨드는 다음처럼 쉽다.

```
jdbc:hive2://> CREATE INDEX idx_id_employee_id
. . . . . . . .> ON TABLE employee_id (employee_id)
. . . . . . . .> AS 'COMPACT'
. . . . . . . .> WITH DEFERRED REBUILD;
No rows affected (1.149 seconds)
```

하이브는 이전 예제에 사용된 COMPACT 키워드(org.apache.hadoop.hive.ql.index. compact.CompactIndexHandler를 참조)뿐 아니라, 또한 하이브는 다음 예제에서 보여준 것처럼 상대적으로 작은 값이 있는 칼럼에는 BITMAP 인덱스를 지원한다. BITMAP 인덱스는 0.8.0 버전부터 지원한다.

```
jdbc:hive2://> CREATE INDEX idx_sex_employee_id
. . . . . . . .> ON TABLE employee_id (sex_age)
. . . . . . .> AS 'BITMAP'
. . . . . . .> WITH DEFERRED REBUILD;
No rows affected (0.251 seconds)
```

이전 예제의 WITH DEFERRED REBUILD 키워드는 즉시 인덱스를 만들지 않도록 한다. 인덱스를 생성하려면, 다음 예제처럼 ALTER...REBUILD 커맨드를 실행할 수 있다. 테이블의 데이터가 변경되면, ALTER...REBUILD 커맨드를 다시 실행해 인덱스를 구축한다. ALTER...REBUILD 커맨드는 원자적인 명령어라서, 이미 색인된 테이블에서 인덱스가 실패한 경우, 인덱스의 상태가 다음처럼 그대로 유지된다.

```
jdbc:hive2://> ALTER INDEX idx_id_employee_id ON employee_id REBUILD;
No rows affected (111.413 seconds)
```

```
jdbc:hive2://> ALTER INDEX idx_sex_employee_id ON employee_id
. . . . . . .> REBUILD;
No rows affected (82.23 seconds)
```

인덱스를 생성하면, 하이브는 인덱스에 대한 새로운 인덱스 테이블을 생성한다.

```
jdbc:hive2://> !table
+----------+-------------------------------------------+-----------+-------+
|TABLE_SCHEM|                 TABLE_NAME                | TABLE_TYPE|REMARKS|
+----------+-------------------------------------------+-----------+-------+
|default   |default__employee_id_idx_id_employee_id__  |INDEX_TABLE|NULL   |
|default   |default__employee_id_idx_sex_employee_id__ |INDEX_TABLE|NULL   |
+----------+-------------------------------------------+-----------+-------+
```

인덱스 테이블은 default__tablename_indexname__과 같은 이름으로 생성된다. 인덱스 테이블은 인덱스 칼럼, _bucketname(일반적으로 HDFS의 URI), _offsets(각 로우에 대한 오프셋)을 포함한다. 그리고 일반 테이블처럼 인덱스 칼럼을 조회해야 할 때, 인덱스 테이블을 다음처럼 사용할 수 있다.

```
jdbc:hive2://> DESC default__employee_id_idx_id_employee_id__;
+--------------+----------------+----------+
|   col_name   |   data_type    | comment  |
+--------------+----------------+----------+
| employee_id  | int            |          |
| _bucketname  | string         |          |
| _offsets     | array<bigint>  |          |
+--------------+----------------+----------+
3 rows selected (0.135 seconds)
```

인덱스를 삭제하려면 DROP INDEX index_name ON table_name 문을 다음처럼 사용할 수 있다. 하지만, DROP TABLE 문으로 인덱스 테이블을 삭제할 수 없다.

```
jdbc:hive2://> DROP INDEX idx_sex_employee_id ON employee_id;
No rows affected (0.247 seconds)
```

 하이브는 0.13.0 버전부터 성능을 최적화할 수 있는 새로운 기능을 추가했다.

- 테즈(Tez): 테즈(http://tez.apache.org/)는 일반적인 데이터 처리 작업을 할 수 있는 복잡한 방향 비사이클 그래프(DAG, directed acyclic graph)를 실행할 수 있는 Yarn 기반의 애플리케이션 프레임워크다. 테즈는 맵과 리듀스 작업을 작은 태스크로 분리하고, 태스크를 실행하기 위해 유연하고 효율적인 방법으로 분리된 태스크를 조합한다. 테즈는 맵리듀스 프레임워크에 유연하고 완벽한 후계자라고 한다. 테즈를 사용할 수 있는 하이브를 설정하려면 기본 맵리듀스에서 다음 설정을 덮어써야 한다.
  ```
  SET hive.execution.engine=tez;
  ```
- 벡터화: 벡터화 최적화는 한 번에 한 로우를 처리하는 대신 큰 배치성 데이터를 동시에 처리해 계산에 대한 부하를 상당히 축소시켜준다. 각 배치는 원시 타입의 배열인 칼럼 벡터로 구성한다. 명령어는 명령어 파이프라인과 캐시 사용을 증가시키는 전체 칼럼 벡터로 수행된다. 벡터화를 사용하기 위해 파일은 ORC(Optimized Row Columnar) 포맷으로 저장되어야 한다.

> 벡터화에 대해 더 알고 싶다면 아파치 하이브 위키(https://cwiki.apache.org/confluence/display/Hive/Vectorized+Query+Execution)를 참고한다. 벡터화를 활성화하기 위해서는 다음과 같이 설정해야 한다.
>
> ```
> SET hive.vectorized.execution.enabled=true;
> ```

데이터 파일 최적화

데이터 파일 최적화는 파일 포맷, 압축, 저장소 관점으로 데이터 파일에 대한 성능 개선을 다룬다.

파일 포맷

하이브는 TEXTFILE, SEQUENCEFILE, RCFILE, ORC, PARQUET 파일 포맷을 지원한다. 다음과 같이 파일 포맷을 명세할 수 있는 세 가지 방법이 있다.

- CREATE TABLE ... STORE AS <File_Format>
- ALTER TABLE ... [PARTITION partition_spec] SET FILEFORMAT <File_Format>
- SET hive.default.fileformat=<File_Format> --테이블의 기본 파일 포맷

여기서 <File_Type>은 TEXTFILE, SEQUENCEFILE, RCFILE, ORC, PARQUET이다.

텍스트 파일을 TEXTFILE 포맷인 테이블로 직접 로드할 수 있다. 다른 파일 포맷의 테이블에서 데이터를 로드하려면, 먼저 TEXTFILE 포맷의 테이블로 로드해야 한다. 그리고 기대한 것처럼 데이터를 TEXTFILE 포맷의 테이블 변환과 함께 추가하려면 INSERT OVERWRITE TABLE <target_file_format_table> SELECT * FROM <text_format_source_table>을 사용한다.

하이브가 지원하는 파일 포맷과 파일 최적화는 다음과 같다.

- TEXTFILE: 하이브의 기본 파일 포맷이다. 텍스트 파일의 데이터는 기본적으로 압축되지 않으며, GZip, Bzip2, Snappy 같은 툴로 압축될 수 있다. 하지만, 맵 작업을 처리할 때 압축된 파일은 분리되지 않는다. 그 결과 하나의 큰 파일을 처리하는 맵 작업을 실행하게 한다.

- SEQUENCEFILE: 키/값 쌍에 대한 바이너리 저장소 포맷이다. 시퀀스 파일의 장점은 텍스트 파일보다 더 작고, 맵리듀스 출력 포맷에 잘 맞다는 점이다. 블록 레벨이 좋은 압축률을 가질 때, 시퀀스 파일은 레코드 또는 블록 레벨에서 압축될 수 있다. 블록 레벨의 압축을 활성화하려면 다음 설정을 해야 한다.

```
jdbc:hive2://> SET hive.exec.compress.output=true;
jdbc:hive2://> SET io.seqfile.compression.type=BLOCK;
```

불행히도, 하이브는 하나의 열만 요청하는 경우에도 전체 로우를 읽어야 하는 시스템이라서 텍스트와 시퀀스 파일은 로우 레벨의 저장소 파일 포맷으로 최적화된 해결 방식이 아니다. 최적화 문제를 해결하기 위해 하이브리드 로우 칼럼 저장소 파일 포맷(예, RCFILE, ORC, PARQUET)이 생성됐다.

- RCFILE: Record Columnar File의 약자다. RCFILE은 시퀀스 파일과 매우 유사한 바이너리 키/값 쌍을 구성하는 플랫 파일flat file이다. RC 파일은 데이터를 수평적으로 로우 그룹으로 분리한다. 하나 이상의 그룹은 HDFS 파일로 저장된다. 그리고 RC 파일은 로우 그룹 데이터를 칼럼 단위 포맷으로 저장한다. 즉, 모든 로우에서 첫 번째 열, 다음은 모든 로우에서 두 번째 열, 등으로 저장한다. RC 파일 포맷은 분리 가능하고, 데이터와 관련 없는 부분을 생략함으로써 빠르고 낮은 비용으로 결과를 얻을 수 있다.

- ORC: Optimized Row Columnar의 약자다. 하이브 0.11.0 버전부터 사용할 수 있다. ORC 포맷은 RCFILE의 개선 버전으로 간주될 수 있다. ORC는 기본적으로 256MB의 큰 블록을 제공한다(RCFILE은 4MB이고, SEQUENCEFILE은 1MB 다). 그리고 ORC는 네임노드에서 과부하를 줄이기 위해 더 많은 처리량과 적

은 수의 파일을 읽어 HDFS에서 연속적으로 큰 블록을 읽도록 최적화됐다. RCFILE 파일은 데이터 타입을 알기 위해 메타스토어에 의존하는 것과 달리, ORC 파일은 특정 인코더를 사용해 데이터 타입을 알 수 있어서 여러 타입에 의존한 압축을 최적화할 수 있다. 칼럼에 대한 MIN, MAX, SUM, COUNT와 같은 기본 통계도 저장할 뿐 아니라 상관없는 로우 블록을 넘어갈 수 있는 경량 인덱스를 저장하는 데 쓰인다.

- PARQUET: ORC 포맷과 비슷한 로우-칼럼 기반의 파일 포맷이다. 한술 더 떠서, PARQUET는 하이브와 피그Pig만 지원하는 ORC에 비해 하둡 생태계의 대부분 프로젝트를 넓게 지원한다. 데이터의 중첩 구조를 지원하기 위해 PARQUET는 구글에서 만든 Dremel(http://research.google.com/pubs/pub36632.html 참고)의 설계된 모범 사례를 활용한다. PARQUET를 하이브 0.10.0 버전부터 플러그인으로 지원하고 하이브 0.13.0 버전부터 기본 지원한다.

하이브의 성숙도를 고려해서, 하이브가 하둡 환경에서 자주 사용하는 주요 툴이라면 ORC를 사용하는 것을 추천한다. 하둡 생태계의 여러 툴을 사용한다면 PARQUET의 적응성 측면에서 좋은 선택이 될 것이다.

 하둡 아카이브 파일(HAR, Hadoop Archive File)은 HDFS 파일을 압축할 수 있는 다른 타입의 포맷이다. HDFS에 작은 크기의 다수 파일을 저장할 때, 하둡 아카이브 파일을 사용할 수 있지만(좋은 선택이 아니다), HDFS에 크기가 작은 파일을 많이 저장하는 것은 상당히 효율적이지 않다. 또한, 하둡 아카이브 파일은 불변의 압축 과정, 분할 안되는 부분, 호환성 문제와 같이 여전히 일반적이지 않은 다양한 한계점을 가진다. 하둡 아카이브 파일과 압축에 대해 더 알고 싶다면, 아파치 하이브 위키(https://cwiki.apache.org/confluence/display/Hive/LanguageManual+Archiving)를 참고한다.

압축

하이브에서 압축 기술을 사용하면, 중간 결과 파일뿐 아니라 결과를 압축하면서 매퍼와 리듀스 간의 HDFS 전송 데이터 양을 상당히 줄일 수 있다. 그 결과로 전체 하이브 쿼리는 좋은 성능을 가질 수 있다. 다중 맵리듀스 작업 사이에서 하이브가 만든 중간 파일을 압축하기 위해 하이브 CLI 또는 hive-stie.xml 파일에서 다음과 같이 설정(기본 값은 false)해야 한다.

```
jdbc:hive2://> SET hive.exec.compress.intermediate=true
```

그리고 설정할 수 있는 압축 코덱 방식을 결정할 수 있다. 다음 표는 하둡과 하이브에서 지원하는 일반 코덱 목록이다.

압축 방식	코덱	확장자	분할 여부
Deflate	org.apache.hadoop.io.compress.DefaultCodec	`.deflate`	N
GZip	org.apache.hadoop.io.compress.GzipCodec	`.gz`	N
Bzip2	org.apache.hadoop.io.compress.BZip2Codec	`.gz`	Y
LZO	com.hadoop.compression.lzo.LzopCodec	`.lzo`	N
LZ4	org.apache.hadoop.io.compress.Lz4Codec	`.lz4`	N
Snappy	org.apache.hadoop.io.compress.SnappyCodec	`.snappy`	N

하둡은 기본 코덱(`.deflate`)을 가진다. GZip의 압축율은 CPU 비용보다 높다. Bzip2는 분리할 수 있지만, 하둡 0.21 버전부터 지원한다(https://issues.apache.org/jira/browse/HADOOP-4012). 게다가 Bzip2는 높은 CPU 비용을 고려할 때, 압축이 느린 편이다. LZO 파일은 원래 분리를 할 수 없다. 그러나 파일 분할을 결정하는 인덱스를 생성하기 위해 LZO 파일(`com.hadoop.compression.lzo.LzoIndexer`를 사용)을 전처리할 수 있다. CPU 비용과 압축율의 균형에 관해서는 LZ4 또는 Snappy 방식이 더 좋다. 코덱의 대부분이 압축 후의 분할을 지원하지 않기 때문에, HDFS에는 큰 파일을 압축하지 않는 방안을 추천한다.

mapred-site.xml, hive-site.xml, Hive CLI에서 압축 코덱을 다음처럼 명세할 수 있다.

```
jdbc:hive2://> SET hive.intermediate.compression.codec=
. . . . . . . .> org.apache.hadoop.io.compress.SnappyCodec
```

중간 압축은 다중 맵 작업과 리듀스 작업을 필요로 하는 특정 작업의 디스크 공간만 줄인다. 디스크 공간을 더 줄일 수 있는 방법은 하이브의 결과 파일을 압축하는 것이다. hive.exec.compress.output 속성을 true로 설정하면, 하이브는 HDS에 저장소를 압축하기 위해 mapred.map.output.compression.codec에 설정한 코덱을 사용한다. 해당 설정을 하이브 CLI 또는 hive-site.xml에서 사용할 수 있다.

```
jdbc:hive2://> SET hive.exec.compress.output=true
```

```
jdbc:hive2://> SET mapred.output.compression.codec=
. . . . . . . .> org.apache.hadoop.io.compress.SnappyCodec
```

저장소 최적화

자주 사용되고 스캔되는 데이터를 핫 데이터[hot data]라고 말할 수 있다. 종종 핫 데이터에 대한 쿼리 성능은 전체 성능에서 매우 중요하다. 핫 데이터에 대한 HDFS의 데이터 복제 값을 증가시켜(다음 예제를 참고), 하이브 작업이 데이터를 빨리 찾을 수 있는 확률을 높이고, 성능을 개선시킬 수 있다. 하지만, 이것은 저장소에 대한 트레이드오프다.

```
$ hdfs dfs -setrep -R -w 4 /user/hive/warehouse/employee
Replication 4 set: /user/hive/warehouse/employee/000000_0
```

반면, 너무 많은 파일이나 중복 데이터는 하둡의 네임노드의 메모리를 고갈시킬 수 있다. 특별히 HDFS 블록 크기보다 작은 파일의 개수가 작을 때, 더 심해진다. 하둡은 작은 파일의 이미 굉장히 많은 개수 이슈를 다룰 수 있는 해결 방법을 가지고 있다.

- 하둡 아카이브와 HAR: 작은 파일을 압축할 수 있는 툴이 있다.
- `SequenceFile` 포맷: 작은 파일에서 큰 파일로 변경하는 포맷이다.
- `CombineFileInputFormat`: 맵과 리듀스 처리 전에 작은 파일을 조합할 수 있는 `InputFormat` 타입이다. 하이브의 기본 `InputFormat`이다(https://issues.apache.org/jira/browse/HIVE-2245).
- HDFS 연맹federation: 더 많은 파일을 관리할 수 있도록 네임노드를 확장할 수 있고, 강력하다.

하둡 생태계의 다른 툴을 설치해 활용할 수도 있다.

- HBase는 작은 블록 크기를 가지며, 작은 파일 접근 이슈를 처리할 수 있는 좋은 파일 포맷을 가진다.
- Flume NG는 작은 파일을 큰 파일로 병합할 수 있는 파이프로서 사용할 수 있다.
- HDFS에서 또는 HDFS에 작은 파일을 읽기 전에, 작은 파일을 병합하기 위해 특정 시간마다 동작하는 오프라인 파일 병합 프로그램을 사용한다.

하이브에서 작은 파일이 다시 생성되지 않도록, 쿼리 결과의 병합 파일에 대한 설정을 다음처럼 설정할 수 있다.

- `hive.merge.mapfiles`: 맵 작업만 진행하는 작업의 끝에 작은 파일을 병합한다. 기본 값은 `true`다.
- `hive.merge.mapredfiles`: 맵리듀스 작업의 끝에 작은 파일을 병합한다. 기본 값은 `false`이기 때문에 `true`로 변경한다.
- `hive.merge.size.per.task`: 작업의 끝에 병합되는 파일의 크기를 정의한다. 기본 값은 256,000,000이다.
- `hive.merge.smallfiles.avgsize`: 병합되는 파일의 제한 값이다. 기본 값은 16,000,000이다.

하이브에서 작업한 평균 결과 파일의 크기가 `hive.merge.smallfiles.avgsize`
와 `hive.merge.mapfiles`(맵 작업한 경우)로 설정한 값보다 작고, `hive.merge.`
`mapredfiles`(맵리듀스 작업의 경우)의 값이 `true`이면, 하이브는 결과 파일을 큰 파
일로 병합하기 위한 추가적인 맵리듀스 작업을 시작해야 한다.

작업과 쿼리 최적화

이 절에서는 작업 실행 모드의 영역, JVM 재사용 영역, 작업의 병렬 실행 영역,
`JOIN`의 쿼리 최적화 영역에서 성능을 개선할 수 있는 경험과 기술을 다룬다.

로컬 모드

하둡은 스탠드얼론^{standalone} 모드, 의사 분산^{pseudo-distributed} 모드, 완전 분산^{fully}
^{distributed} 모드로 실행할 수 있다. 대부분의 시간은 완전 분산 모드에서 실행할 수
있는 하둡의 설정에 집중한다. 처리할 데이터가 작다면 작업의 처리 시간보다 완
전 분산 모드의 시작 시간이 더 소요되기 때문에, 분산 데이터 처리를 시작하는
오버헤드가 존재한다. 하이브 0.7.0 버전부터 하이브는 로컬 모드에서 실행할 수
있는 작업의 자동 변환 기능을 지원한다.

```
jdbc:hive2://> SET hive.exec.mode.local.auto=true; --default false
jdbc:hive2://> SET hive.exec.mode.local.auto.inputbytes.max=50000000;
jdbc:hive2://> SET hive.exec.mode.local.auto.input.files.max=5;
--default 4
```

작업을 로컬 모드에서 동작하려면 다음 조건이 만족되어야 한다.

- 작업의 전체 입력 크기는 `hive.exec.mode.local.auto.inputbytes.max`보다
  작아야 한다.
- 맵 태스크의 전체 개수는 `hive.exec.mode.local.auto.input.files.max`보다
  작아야 한다.
- 리듀스 태스크의 전체 개수는 1 또는 0이어야 한다.

JVM 재사용

하둡은 각 맵 또는 리듀스 작업을 실행하기 위해 기본적으로 새로운 JVM을 실행하고, 병렬로 맵 또는 리듀스 작업을 실행한다. 맵 또는 리듀스 작업이 몇 초 정도만 실행하는 경량 작업일 때, JVM을 새롭게 시작하는 것은 시스템에 상당히 큰 부하가 줄 수 있다. 맵리듀스 프레임워크(하둡 버전이 1점대는, Yarn을 사용하지 않는다)는 병렬 작업 대신 매퍼와 리듀서를 순차적으로 실행해 JVM을 공유함으로써 JVM을 재사용하도록 옵션을 제공한다. JVM 재사용은 동일한 작업의 맵 또는 리듀스 태스크에 적용할 수 있다. 여러 작업의 태스크는 항상 각각 분리된 JVM에서 실행한다. 재사용 활성화를 위해 `mapred.job.reuse.jvm.num.tasks` 속성을 사용, JVM 재사용에 대한 개별 작업에 대한 최대 태스크 개수를 설정할 수 있다. 해당 속성의 기본 값은 1이다.

```
jdbc:hive2://> SET mapred.job.reuse.jvm.num.tasks=5;
```

해당 속성에 작업의 모든 태스크를 가리키는 -1로 명세하면, 동일한 JVM에서 작업이 실행될 것이다.

병렬 실행

하이브 쿼리는 일반적으로 이미 정해진 순서대로 실행되는 수많은 단계로 변환된다. 모든 단계는 항상 다른 단계에 의존하지 않지만, 전체 작업 실행 시간을 줄이기 위해 병렬로 하이브 쿼리를 실행할 수 있다. 다음 설정으로 병렬 실행을 활성화할 수 있다.

```
jdbc:hive2://> SET hive.exec.parallel=true; -- 기본 값은 false다
jdbc:hive2://> SET hive.exec.parallel.thread.number=16;
-- 기본 값은 8이며, 병렬로 실행하는 최고 값을 정의한다.
```

병렬 실행은 클러스터의 사용률을 높인다. 클러스터의 사용률이 이미 높은 상태라면, 병렬 실행은 전체 성능 관점에서 많은 도움이 되지 않는다.

작업 최적화

4장, '데이터 선택과 범위'에서 하이브 조인의 여러 타입의 최적화를 다뤘다. 여기서 조인에 대한 개선 사항에 대한 주요 설정을 간단히 살펴본다.

일반 조인

일반 조인은 리듀스 사이드 조인$^{reduce\ side\ join}$이라고 불리기도 한다. 하이브의 기본 조인이고, 많이 사용된다. 조인을 일반적으로 사용할 때, 큰 테이블을 오른쪽 끝에 두거나, 다음처럼 힌트를 명세한다.

```
/*+ STREAMTABLE(stream_table_name) */.
```

맵 조인

한 개의 조인 테이블이 메모리에 들어갈 만큼 작은 경우, 맵 조인을 사용할 수 있다. 맵 조인은 매우 빠르지만 제한이 있다. 하이브 0.7.0 버전부터 다음 설정을 적용해야 맵 조인을 자동으로 변환할 수 있다.

```
jdbc:hive2://> SET hive.auto.convert.join=true; --기본 값은 false다
jdbc:hive2://> SET hive.mapjoin.smalltable.filesize=600000000;
--기본 값은 25M다.
jdbc:hive2://> SET hive.auto.convert.join.noconditionaltask=true;
--기본 값은 false다. true로 설정하면, 맵 조인 힌트가 필요 없다.

jdbc:hive2://> SET hive.auto.convert.join.noconditionaltask.size=10000000;
--기본 값은 메모리에 맞게 테이블 크기를 제어한다.
```

자동 변환을 활성화하면 하이브는 작은 테이블의 파일 크기가 hive.mapjoin.smalltable.filesize에 명세한 값보다 큰 값인지 자동으로 확인한 후, 맵 조인을 일반 조인으로 변환한다. 테이블의 파일 크기가 hive.mapjoin.smalltable.filesize 값보다 작다면 일반 조인을 맵 조인으로 변환한다. 자동 변환을 활성화하면 쿼리의 맵 조인에 힌트를 제공할 필요가 없다.

버킷 맵 조인

버킷 맵 조인은 버킷 테이블에 적용하는 맵 조인의 특별한 타입이다. 버킷 맵 조인을 사용하려면 다음과 같이 활성화한다.

```
jdbc:hive2://> SET hive.auto.convert.join=true; --기본 값은 false다
jdbc:hive2://> SET hive.optimize.bucketmapjoin=true; --기본 값은 false다
```

버킷 맵 조인에서, 모든 조인 테이블은 버킷 테이블이어야 하고, 버킷 칼럼으로 조인해야 한다. 게다가 큰 테이블의 버킷 개수는 작은 테이블의 버킷 개수의 배수여야 한다.

정렬 합병 버킷 조인

정렬 합병 버킷[SMB, Sort Merge Bucket] 조인은 동일한 정렬, 버킷, 조인 조건 칼럼을 가진 버킷 테이블에서 수행된다. 해당 조인은 두 버킷 테이블에서 데이터를 읽고 버킷 테이블에서 일반 조인(맵과 리듀스 작업을 실행한다)을 수행한다. 해당 조인을 사용하려면 다음 속성을 활성화해야 한다.

```
jdbc:hive2://> SET hive.input.format=
. . . . . . .> org.apache.hadoop.hive.ql.io.BucketizedHiveInputFormat;
jdbc:hive2://> SET hive.auto.convert.sortmerge.join=true;
jdbc:hive2://> SET hive.optimize.bucketmapjoin=true;
jdbc:hive2://> SET hive.optimize.bucketmapjoin.sortedmerge=true;
jdbc:hive2://> SET hive.auto.convert.sortmerge.join.
noconditionaltask=true;
```

정렬 합병 버킷 맵 조인

정렬 합병 버킷 맵[SMBM, Sort Merge Bucket Map] 조인은 맵 사이드 조인만 실행하는 특별한 버킷 조인이다. 해당 조인은 맵 조인이 하는 것처럼 모든 로우를 캐시하지 않는다. 해당 조인을 수행하려면, 조인 테이블은 동일한 버킷, 정렬, 조인 조건 칼럼을 가져야 한다. 해당 조인을 사용하려면 다음 속성을 활성화해야 한다.

```
jdbc:hive2://> SET hive.auto.convert.join=true;
jdbc:hive2://> SET hive.auto.convert.sortmerge.join=true
jdbc:hive2://> SET hive.optimize.bucketmapjoin=true;
jdbc:hive2://> SET hive.optimize.bucketmapjoin.sortedmerge=true;
jdbc:hive2://> SET hive.auto.convert.sortmerge.join.
noconditionaltask=true;
jdbc:hive2://> SET hive.auto.convert.sortmerge.join.bigtable.selection.
policy=
org.apache.hadoop.hive.ql.optimizer.
TableSizeBasedBigTableSelectorForAutoSMJ;
```

왜곡 조인

많이 불균등한 데이터를 작업할 때, 연산 노드의 일부 노드가 대부분의 연산을 처리하면서 왜곡된 데이터가 발생할 수 있다. 왜곡skew된 데이터가 생겼을 때, 하이브가 이를 최적화할 수 있는 설정을 소개한다.

```
jdbc:hive2://> SET hive.optimize.skewjoin=true;
-- 조인에 왜곡 데이터가 있다면, true로 설정한다. 기본 값은 false다.

jdbc:hive2://> SET hive.skewjoin.key=100000;
-- 위의 값은 기본 값이다. 키의 개수가 기본 값보다 크다면,
-- 하이브는 새로운 키를 사용하지 않는 리듀서로 전달한다.
```

 왜곡 데이터는 GROUP BY 데이터에서도 발생할 수 있다. 이를 최적화하려면 GROUP BY 결과에서 왜곡 데이터에 대한 최적화를 활성화하도록 다음과 같이 설정해야 한다.
SET hive.groupby.skewindata=true;

hive.groupby.skewindata 속성을 true로 설정하면, 하이브는 맵리듀스 작업의 맵 결과를 랜덤하게 리듀서에게 분배하는 추가 맵리듀스 작업을 먼저 실행한다. 이는 왜곡 데이터를 생성하지 않기 위함이다.

하이브 조인 최적화에 대한 정보를 더 알고 싶다면, 아파치 하이브 위키(https://cwiki.apache.org/confluence/display/Hive/LanguageManual+JoinOptimization, https://cwiki.apache.org/confluence/display/Hive/Skewed+Join+Optimization)를 참고한다.

요약

7장에서는 EXPLAIN 문과 ANALYZE 문을 사용해 성능의 병목 지점을 식별하는 방법을 살펴보았다. 또한 다음과 같이 각각의 최적화 방법을 소개했다.

- 테이블, 파티션, 인덱스를 사용할 때, 성능의 설계 최적화 방법
- 파일 포맷, 압축, 저장소를 포함한 데이터 파일의 최적화 방법
- 하이브의 작업과 쿼리 최적화 방법

7장을 충분히 이해했다면 하이브의 성능 문제를 해결하고, 튜닝할 수 있을 것이다. 8장에서는 하이브의 기능 확장에 대해 살펴본다.

8
확장성 고려 사항

하이브가 많은 내장 함수를 가지고 있다 해도 사용자는 지원하는 내장 함수 이외의 더 많은 기능을 종종 필요로 한다. 하이브는 주요 세 가지 영역을 제공한다.

- 사용자 정의 함수^{UDF, User-defined function}: UDF는 HQL가 평가할 수 있는 외부 함수(주로 자바로 개발)를 포함한 기능성을 확장할 수 있다.
- 스트리밍: 스트리밍은 데이터 스트리밍에서 사용자 정의 매퍼와 리듀서 프로그램을 플러그인으로 지원한다.
- SerDe: SerDe는 직렬화^{serializer}와 역직렬화^{deserializer}의 약자를 의미하며, HDFS에 저장된 파일의 사용자 정의 파일 포맷을 직렬화와 역직렬화 하는 기능을 제공한다.

8장에서는 각 요소에 대해 좀 더 자세히 살펴본다.

사용자 정의 함수

사용자 정의 함수의 세 가지 타입을 정의한다.

- UDF^{User-Defined Function}: 하이브에 내장된 대부분의 수학 함수, 문자열 함수와 같이 한 번에 한 로우를 처리하고, 한 로우에 대한 하나의 결과를 출력한다.
- UDAF^{User-Defined Aggregating Function}: 하이브의 MAX와 COUNT 내장 함수와 같이 한 번에 한 로우 또는 한 번에 한 그룹을 처리하고, 한 로우에 대한 결과 또는 각 그룹에서 한 로우에 대한 결과를 보여준다.
- UDTF^{User-Defined Table-generating Function}: 한 번에 한 로우로 작동하지만, 하이브의 EXPLODE 함수와 같이 여러 로우/테이블을 결과로 출력하는 사용자가 정의하는 테이블을 생성한다. UDTF는 SELECT 문 또는 LATERAL VIEW 문 뒤에 사용될 수 있다.

 하이브가 자바로 구현됐기 때문에 UDF도 자바로 개발해야 한다. 다행히 자바가 javax.script API(http://docs.oracle.com/javase/6/docs/api/javax/script/package-summary.html 참고)를 통해 다른 언어로 실행하는 코드를 지원하기 때문에, UDF를 자바 언어가 아닌 언어로도 개발할 수 있다. 이 책은 자바 UDF에만 집중한다.

이제 여러 종류의 함수에 대한 자바 코드 템플릿을 더 자세히 살펴본다.

UDF 코드 템플릿

일반 UDF의 코드 템플릿은 다음과 같다.

```
package com.packtpub.hive.essentials.hiveudf;

import org.apache.hadoop.hive.ql.exec.UDF;
import org.apache.hadoop.hive.ql.exec.Description;
import org.apache.hadoop.hive.ql.udf.UDFType;

// 다음은 옵션이며, 필요하다면 더 추가한다.
```

```
import org.apache.hadoop.io.Text;
import org.apache.commons.lang.StringUtils;

@Description(
name = "udf_name",
value = "_FUNC_(arg1, arg2, ... argN) - 함수에 대한 짧은 설명",
extended = "문법과 예제와 같은 함수에 대한 자세한 내용을 설명한다."
)
@UDFType(deterministic = true, stateful = false)

public class udf_name extends UDF {
    public String evaluate(){
        /*
        * 코드를 작성한다.
        */
        return "return the udf result";
    }
    //오버라이드를 사용한다.
    public String evaluate(<Type_arg1> arg1,..., <Type_argN> argN){
        /*
        * 코드를 작성한다.
        */
        return "return the udf result";
    }
}
```

이전 템플릿에서 패키지 정의와 패키지 임포트는 따로 설명하지 않는다. 상위 세 개의 필수 라이브러리 외에 필요한 라이브러리를 임포트할 수 있다. @Description 어노테이션은 하이브 콘솔에서 UDF에 대한 사용 정보를 제공하기 위해 유용한 어노테이션이다. value 속성에 정의된 정보는 HQL에서 DESCRIBE FUNCTION 커맨드로 볼 수 있다. extended 속성으로 정의한 정보는 HQL의 DESCRIBE FUNCTION EXTENDED이다. @UDFType 어노테이션은 함수에서 기대하는 특정 행위를 하이브에게 전달한다. 결정적 UDF(deterministic = true)는 LENGTH(string input), MAX() 등의 동일한 인수를 전달할 때, 항상 동일한 결과를 전달한다. 반면, 비결정적(deterministic = false) UDF는 동일한 매개변수 집합에 대해 다른 결과를 리턴할 수 있다. 예를 들어, UNIX_TIMESTAMP()는 기본 타임존의 현재 타임스탬프를 리턴하는 것과 같다. stateful(stateful = true) 속성은 테이블의 모든 로우에 차례대로 번호를 할당하는 ROW_NUMBER()과 같이 사용 가능한 모든 로우에는 여러 정적 변수를 저장할 수 있다.

모든 UDF는 하이브 UDF 클래스를 확장하기 때문에, UDF 하위 클래스는 하이브가 호출하는 evaluate 메소드를 구현해야 한다. evaluate 메소드는 여러 목적으로 오버라이드^{override}될 수 있다. evaluate 메소드에서 TEXT, DoubleWritable, INTWritable 등과 같은 맵리듀스 데이터 직렬화를 위한 자바 하둡 라이브러리와 하둡 데이터 타입을 사용한 로직에 대해 로직과 예외 처리를 구현할 수 있다.

UDAF 코드 템플릿

이번 절에서 UDAF 클래스를 상속한 UDAF 코드 템플릿을 소개한다. 해당 코드 템플릿은 다음과 같다.

```
package com.packtpub.hive.essentials.hiveudaf;

import org.apache.hadoop.hive.ql.exec.UDAF;
import org.apache.hadoop.hive.ql.exec.UDAFEvaluator;
import org.apache.hadoop.hive.ql.exec.Description;
import org.apache.hadoop.hive.ql.udf.UDFType;

@Description(
name = "udaf_name",
value = "_FUNC_(arg1, arg2, ... argN) - 함수에 대한 짧은 설명",
extended = "문법과 예제와 같은 함수에 대한 자세한 내용을 설명한다."
)
@UDFType(deterministic = false, stateful = true)

public final class udaf_name extends UDAF {
```

```
/**
 * 집계 함수의 내부 상태
 * 내부 상태가 원시 타입으로 표현할 수 없는 경우에만 필요하다.
 * 필요하다면, 내부 상태는 ArrayList<String>와
 * HashMap<String,Double>처럼 제네릭 타입을 포함한 필드를 포함할 수 있다.
 */
public static class UDAFState {
  private <Type_state1> state1;
  private <Type_stateN> stateN;
}


/**
 * 집계를 사용할 때의 실제 클래스.
 * 하이브는 UDAFEvaluator를 상속한
 * UDAF의 내부 클래스를 자동으로 찾는다.
 */
public static class UDAFExampleAvgEvaluator implements UDAFEvaluator {

  UDAFState state;

  public UDAFExampleAvgEvaluator() {
      super();
      state = new UDAFState();
      init();
  }

  /**
   * 집계의 상태를 재설정한다.
   */
  public void init() {
    /*
     * 초기화 상태를 예제화한다.
     */
    state.state1 = 0;
    state.stateN = 0;
  }
```

```
/**
 *  원본 데이터의 로우를 하나씩 순회한다.
 *  매개변수의 개수와 타입은 하이브 커맨드 라인에서
 *  UDAF를 호출한 것과 같아야 한다.
 *  해당 함수는 항상 true를 리턴한다.
 */
public boolean iterate(<Type_arg1> arg1,..., <Type_argN> argN)
{
   /*
     *  집계될 새로운 값이 있다면
     *  집계하는 로직을 여기에 추가한다.
     */
   return true;
}


/**
 *  여러 데이터 노드에 매퍼에 호출한다.
 *  부분 집계를 종료하고, 상태를 리턴한다.
 *  해당 상태가 원시(primitive)라면,
 *  Integer 또는 String 같은 원시 자바 클래스를 리턴한다.
 */
public UDAFState terminatePartial() {
   /*
     *  기대했던 부분 결과를 확인하고 리턴한다.
     */
   return state;
}


/**
 *  부분 집계로 병합한다.
 *  해당 함수는 terminatePartial()의 리턴 값과
 *  동일한 타입을 가진 항상 하나의 매개변수를 가져야 한다.
 */
public boolean merge(UDAFState o) {
   /*
     *  모든 데이터 노드에서 계산된 결과를 병합하는 방법을 정의한다.
     */
```

```
      return true;
    }

    /**
     * 집계를 종료하고 최종 결과를 리턴한다.
     */
    public long terminate() {
      /*
       * 기대한 최종 결과를 확인하고 리턴한다.
       */
      return state.stateN;
    }
  }
}
```

UDAF는 `org.apache.hadoop.hive.ql.exec.UDAF`의 하위 클래스여야 한다. `org.apache.hadoop.hive.ql.exec.UDAF` 클래스는 `org.apache.hadoop.hive.ql.exec.UDAFEvaluator`를 구현한 하나 이상의 중첩 `static` 클래스를 포함한다. `UDAFEvaluator`를 상속한 내부 클래스는 반드시 `public`으로 정의해야 한다. 반면, 하이브는 자바의 리플렉션[reflection]을 사용할 수 없고, `UDAFEvaluator` 구현에 의존한다. 코드 주석에 이미 설명한 대로 필요한 다섯 개의 함수, 즉 `init`, `iterate`, `terminatePartial`, `merge`, `terminate`를 구현해야 한다.

UDF와 UDAF 함수를 사용하기 위해 자바 리플렉션을 사용하는 방법도 있지만, 성능을 더욱 좋게 하기 위해 GenericUDF와 GenericUDAFEvaluator 클래스를 상속해 UDF와 UDAF 함수를 구현할 수 있다. 그리고 상속받은 클래스의 제네릭 메소드는 실제로 하이브의 내장된 UDF 구현체를 내부적으로 상속받는다. 제네릭 메소드는 MAP, ARRAY, STRUCT과 같은 복잡한 데이터 타입을 매개변수로 지원하지만, UDF와 UDAF 클래스는 복잡한 데이터 타입을 지원하지 않는다. GenericUDAF에 대한 더 많은 정보는 아파치 하이브 위키(https://cwiki.apache.org/confluence/display/Hive/GenericUDAFCaseStudy)를 참고한다.

UDTF 코드 템플릿

UDTF를 구현하려면 org.apache.hadoop.hive.ql.exec.GenericUDTF 클래스를 상속하는 방법밖에는 없다. UDTF 클래스는 전혀 평범하지 않으며, 세 개의 메소드, 즉 initialize, process, close를 구현해야 한다. UDTF 클래스는 데이터 타입, 결과 개수 등과 같은 메소드 결과에 대한 정보를 리턴하는 initialize 메소드를 호출한다. 그리고 매개변수에 대한 핵심 로직을 실행하고, 해당 실행 결과를 전달하기 위해 process 메소드가 호출된다. 필요하다면, 마지막에 close 메소드를 호출해 정리하도록 한다. UDTF에 대한 코드 템플릿은 다음과 같다.

```
package com.packtpub.hive.essentials.hiveudtf;

import org.apache.hadoop.hive.ql.udf.generic.GenericUDTF;
import org.apache.hadoop.hive.ql.exec.Description;
import org.apache.hadoop.hive.ql.exec.UDFArgumentException;
import org.apache.hadoop.hive.ql.metadata.HiveException;
import org.apache.hadoop.hive.serde2.objectinspector.ObjectInspector;
import org.apache.hadoop.hive.serde2.objectinspector.
ObjectInspectorFactory;
import org.apache.hadoop.hive.serde2.objectinspector.
PrimitiveObjectInspector;
import org.apache.hadoop.hive.serde2.objectinspector.
StructObjectInspector;
import org.apache.hadoop.hive.serde2.objectinspector.primitive.PrimitiveO
bjectInspectorFactory;

@Description(
name = "udtf_name",
value = "_FUNC_(arg1, arg2, ... argN) - 함수에 대한 짧은 설명",
extended = "해당 문법과 예제와 같은 함수에 대한 자세한 내용을 설명한다."
)
public class udtf_name extends GenericUDTF {
  private PrimitiveObjectInspector stringOI = null;
  /**
   * 해당 메소드는 인스턴스당 한 번씩 정확히 호출될 것이다.
```

```
 *  필요한 사용자 초기화 로직을 수행한다.
 *  입력 타입을 검증하고, 결과 타입을 명세하는 데 책임을 진다.
 */
@Override
public StructObjectInspector initialize(ObjectInspector[] args)
throws UDFArgumentException {

  // 매개변수의 개수를 확인한다.
  if (args.length != 1) {
    throw new UDFArgumentException("The UDTF should take exactly
      one argument");
  }
  /*
   * 입력 ObjectInspector[] 배열에 String 타입과 같은
   * Primitive 타입의 PrimitiveObjectInspector를 포함하는지 확인한다.
   */
  if (args[0].getCategory() != ObjectInspector.Category.PRIMITIVE
      &&
    ((PrimitiveObjectInspector) args[0]).getPrimitiveCategory() !=
    PrimitiveObjectInspector.PrimitiveCategory.STRING) {
    throw new UDFArgumentException("The UDTF should take a
      string as a parameter");
  }

  stringOI = (PrimitiveObjectInspector) args[0];
  /*
   * 해당 함수에서 앨리어스에 대한 각 앨리어스와 타입뿐 아니라,
   * 기대한 결과를 정의한다.
   */
  List<String> fieldNames = new ArrayList<String>(2);
  List<ObjectInspector> fieldOIs = new ArrayList<ObjectInspector>(2);
  fieldNames.add("alias1");
  fieldNames.add("alias2");
  fieldOIs.add(PrimitiveObjectInspectorFactory.javaStringObject
    Inspector);
  fieldOIs.add(PrimitiveObjectInspectorFactory.javaIntObjectInspector);
  // 결과 스키마를 설정한다.
```

```
    return ObjectInspectorFactory.getStandardStructObjectInspector(fieldN
ames, fieldOIs);
  }

  /**
   * 본 메소드는 입력된 로우당 한 번씩 호출되고 결과를 만든다.
   * 해당 함수에서 결과를 명세하기 위해 ("return" 대신)
   * "forward" 메소드가 사용된다.
   */
  @Override
  public void process(Object[] record) throws HiveException {
    /*
     * 사용자 정의 로직을 구현하기 전에
     * 객체를 원시 타입으로 변환해야 한다.
     */
    final String recStr = (String) stringOI.getPrimitiveJavaObject(reco
rd[0]);

    // 사용자 정의 로직을 적용한 후, 새롭게 생성한 구조체를 forward 메소드로 전달한다.
    forward(new Object[] {recStr, Integer.valueOf(1)});
  }

  /**
   * 본 메소드는 UDTF를 리턴하기 전에 필요한 정리를 정의한다.
   * 결과 스트림이 이 시점에서 이미 닫혀있기 때문에,
   * close 메소드는 많은 로우를 처리할 수 없다.
   */
  @Override
  public void close() throws HiveException {
    // 아무것도 하지 않는다.
  }
}
```

개발과 배포

예제를 통해 전체 개발 단계와 배포 단계를 살펴본다. 다음 단계를 따라 하면서 문자열을 대문자로 변환하는 toUpper라는 하이브 함수를 생성하자.

1. 이클립스^{Eclipse} 자바 IDE를 http://www.eclipse.org/downloads/packages/eclipse-ide-java-developers/lunasr1에서 다운로드하고 설치한다.

2. IDE를 실행하고 자바 프로젝트를 생성한다.

3. 프로젝트에 마우스 오른쪽 버튼을 클릭하고, **Build Path › Configure Build Path › Add External Jars option**를 선택하면, 새로운 윈도우가 열린다. 하이브와 하둡 라이브를 포함한 디렉토리로 이동한 다음, 임포트하기 위해 모든 JAR 파일을 선택하고 추가한다. 메이븐(http://maven.apache.org/)의 pom.xml 파일을 사용해 자동으로 라이브러리 의존성을 해결할 수도 있다. pom.xml 파일에 라이브러리 의존성을 설정하는 방법은 하둡 외부 업체의 패키지 또는 아파치 하이브와 하둡 도움 문서에서 잘 설명하고 있다.

4. 이전에 설명한 UDF 템플릿을 사용해 IDE에서 ToUpper.java를 다음처럼 생성한다.

```
package com.packtpub.hive.essentials.hiveudf;

import org.apache.hadoop.hive.ql.exec.UDF;
import org.apache.hadoop.io.Text;

class ToUpper extends UDF {

    public Text evaluate(Text input) {
        if(input == null) return null;
        return new Text(input.toString().toUpperCase());
    }
}
```

5. toupper.jar라는 이름을 가진 JAR 파일로 프로젝트를 익스포트한다.

6. 하이브 클러스터의 노드에서 `/home/dayongd/hive/lib/`와 같은 디렉토리에서 JAR 파일을 복사한다.

7. 다음 옵션 중 하나를 사용해서 하이브 환경에 JAR를 추가한다(옵션 3 또는 옵션 4를 추천한다).

   ○ 옵션 1: 하이브 CLI에서 ADD JAR /home/dayongd/hive/lib/toupper.jar를 실행한다. 현재 세션에서만 사용 가능하며, ODBC 연결에서는 작동하지 않는다.

   ○ 옵션 2: /home/$USER/.hiverc의 ADD JAR /home/dayongd/hive/lib/toupper.jar를 추가한다(.hiverc 파일이 존재하지 않는다면, 새롭게 해당 파일을 생성한다.). 이 경우에 .hiverc 파일은 하이브 셸을 실행하는 모든 노드에 배포되어야 한다. 현재 세션에서만 사용 가능하며, ODBC 연결에서는 작동하지 않는다.

   ○ 옵션 3: hive-site.xml 파일에 다음 설정을 추가한다.
   ```
   <property>
   <name>hive.aux.jars.path</name>
   <value>file:///home/dayongd/hive/lib/toupper.jar</value>
   </property>
   ```

   ○ 옵션 4: 해당 JAR 파일을 /${HIVE_HOME}/auxlib/ 폴더로 복사한다(해당 디렉토리가 없다면 생성한다).

8. 함수를 생성한다. 현재 하이브 세션에서만 사용할 수 있는 임시 함수를 다음과 같이 생성할 수 있다.
   ```
   CREATE TEMPORARY FUNCTION toUpper AS 'com.packtpub.hive.essentials.hiveudf.toupper';
   ```

하이브 0.13.0 버전부터 JAR를 추가하면 영구 함수로 생성할 수 있는 커맨드로 사용할 수 있다. 영구 함수는 메타 저장소에 등록되기 때문에, 각 세션에 임시 함수를 생성할 필요 없이 쿼리에서 참조될 수 있다.

```
CREATE FUNCTION toUpper AS 'com.packtpub.hive.essentials.hiveudf.
ToUpper' USING JAR 'hdfs:///path/to/jar';
```

9. 함수를 검증한다.

```
SHOW FUNCTIONS ToUpper;
DESCRIBE FUNCTION ToUpper;
DESCRIBE FUNCTION EXTENDED ToUpper;
```

10. HQL에서 UDF를 사용한다.

```
SELECT toUpper(name) FROM employee LIMIT 1000;
```

11. 함수를 삭제한다.

```
DROP TEMPORARY FUNCTION IF EXISTS toUpper;
```

스트리밍

하이브는 여러 방법으로 데이터 변환이 가능한 하둡의 스트리밍streaming 기능을 사용할 수도 있다. 스트리밍 API는 I/O 파이프를 외부 프로세스(스크립트)로 열어서 해당 프로세스가 표준 입력에서 데이터를 읽고, 결과를 표준 출력으로 전달한다. HQL에서 직접 TRANSFORM 절과 매퍼와 리듀서 스크립트를 사용할 수 있으며 커맨드, 셸 스크립트, 자바 또는 다른 프로그래밍 언어로 쓰여진 매퍼와 리듀서 스크립트를 내장할 수 있다. 스트리밍이 프로세스 간 직렬화/역직렬화를 사용해 부하가 발생하더라도 개발자, 특히 자바를 사용하지 않는 개발자가 간단하게 코딩할 수 있도록 환경을 제공한다. TRANSFORM 절의 문법은 다음과 같다.

```
FROM (
    FROM src
    SELECT TRANSFORM '(' expression (',' expression)* ')'
    (inRowFormat)?
    USING 'map_user_script'
    (AS colName (',' colName)*)?
    (outRowFormat)? (outRecordReader)?
    (CLUSTER BY?|DISTRIBUTE BY? SORT BY?) src_alias
)
SELECT TRANSFORM '(' expression (',' expression)* ')'
(inRowFormat)?
USING 'reduce_user_script'
(AS colName (',' colName)*)?
(outRowFormat)? (outRecordReader)?
```

기본적으로 사용자 스크립트의 INPUT 값은 다음과 같다.

- STRING 값으로 변환된 칼럼

- 탭으로 구분

- 리터럴 문자열 N에서 변환된 NULL 값(빈 문자열의 NULL 값과 구별한다)

기본적으로 사용자 스크립트의 OUTPUT 값은 다음과 같다.

- 탭으로 구분된 STRING 칼럼으로 취급된다.

- 리터럴 문자열 N은 NULL로 재해석된다.

- 결과의 STRING 칼럼은 테이블 선언에서 명세된 데이터 타입으로 캐스트된다.

ROW FORMAT으로 기본 값을 덮여 쓸 수 있다. 파이썬 스크립트 upper.py를 사용한
하이브 스트리밍의 예제는 다음과 같다.

```
#!/usr/bin/env python
'''
This is a script to upper all cases
'''
```

```python
import sys

def main():
    try:
        for line in sys.stdin:
            n = line.strip()
            print n.upper()
    except:
        return None
if __name__ == "__main__":main()
```

다음과 같이 스크립트를 테스트한다.

```
$ echo "Will" | python upper.py
$ WILL
```

하이브 CLI에서 HQL 스크립트를 호출한다.

```
jdbc:hive2://> ADD FILE /home/dayongd/Downloads/upper.py;
jdbc:hive2://> SELECT TRANSFORM (name,work_place[0])
. . . . . . .> USING 'python upper.py' AS (CAP_NAME,CAP_PLACE)
. . . . . . .> FROM employee;
+-----------+------------+
| cap_name  | cap_place  |
+-----------+------------+
| MICHAEL   | MONTREAL   |
| WILL      | MONTREAL   |
| SHELLEY   | NEW YORK   |
| LUCY      | VANCOUVER  |
| STEVEN    | NULL       |
+-----------+------------+
5 rows selected (30.101 seconds)
```

 하이브 0.13.0 버전부터 SQL 표준 인증을 설정하면 TRANSFORM 커맨드를 사용할 수 없다.

SerDe

SerDe는 직렬화^{Serializer}와 역직렬화^{Deserializer}의 약자를 의미한다. SerDe는 하이브가 레코드를 처리하고, 하이브 테이블의 칼럼 데이터 타입에 직렬화와 역직렬화를 적용하는 기술을 의미한다. SerDe를 사용한 시나리오 설명을 위해, 하이브가 어떻게 데이터를 읽고 쓰는지 이해 할 필요가 있다.

데이터를 읽는 절차는 다음과 같다.

1. HDFS에서 데이터를 읽는다.

2. 입력 데이터를 나누고, 키/값 레코드를 정의하는 INPUTFORMAT을 사용한다. 하이브에서 어느 INPUTFORMAT에서 읽을지 명세하기 위해 CREATE TABLE ... STORED AS <FILE_FORMAT>을 사용할 수 있다(7장, '성능 고려 사항'에서 사용할 수 있는 파일 포맷을 살펴본다).

3. SerDe에서 정의된 자바의 Deserializer 클래스는 데이터를 테이블의 칼럼과 데이터 타입을 매핑하는 레코드로 변환한다.

데이터 읽는 예제에서, HDFS에서 TEXTFILE 포맷 데이터를 읽기 위해 JSON SerDe를 사용할 수 있으며, 올바른 스키마로 JSON 속성의 각 로우와 값을 하이브 테이블의 로우로 번역한다.

데이터를 저장하는 절차는 다음과 같다.

1. SerDe로 정의된 Serializer 클래스는 저장될 데이터(INSERT 문을 사용하는 것과 같음)를 OUTPUTFORMAT 클래스가 읽을 수 있는 형태로 번역한다.

2. RecordWriter 객체를 생성하는 OUTPUTFORMAT 구현은 데이터를 처리한다. INPUTFORMAT 구현과 비슷하게, OUTPUTFORMAT 구현은 데이터를 저장하는 테이블과 비슷한 방식으로 명세된다.

3. HDFS에 저장된 데이터는 테이블에 저장된다.

데이터 저장 예제에서, JSON SerDe를 사용해 로우 칼럼 데이터를 하이브 테이블로 저장할 수 있다. 해당 JSON SerDe는 데이터를 HDFS에 저장한 JSON 텍스트 문자열로 번역한다.

최근 하이브 버전에서는 `org.apache.hadoop.hive.serde` 라이브러리를 더 이상 사용하지 않고, 대신 `org.apache.hadoop.hive.serde2` 라이브러리를 사용한다. 일반적으로 사용하는 SerDe 목록은 다음과 같다.

- LazySimpleSerDe: `TEXTFILE` 포맷에서 사용되는 기본 내장 SerDe(`org.apache.hadoop.hive.serde2.lazy.LazySimpleSerDe`)다. 다음처럼 사용될 수 있다.

```
jdbc:hive2://> CREATE TABLE test_serde_lz
. . . . . . . .> STORED AS TEXTFILE AS
. . . . . . . .> SELECT name from employee;
No rows affected (32.665 seconds)
```

- ColumnarSerDe: `RCFILE` 포맷에서 사용되는 내장 SerDe이다. 다음처럼 사용될 수 있다.

```
jdbc:hive2://> CREATE TABLE test_serde_cs
. . . . . . . .> ROW FORMAT SERDE
. . . . . . . .> 'org.apache.hadoop.hive.serde2.columnar.ColumnarSerDe'
. . . . . . . .> STORED AS RCFile AS
. . . . . . . .> SELECT name from employee;
No rows affected (27.187 seconds)
```

- RegexSerDe: 텍스트 파일을 파싱할 수 있는 자바 정규 표현식 SerDe이다. 다음과 같이 사용될 수 있다.

```
--필드를 파싱하고 구분하기
jdbc:hive2://> CREATE TABLE test_serde_rex(
. . . . . . . .> name string,
. . . . . . . .> sex string,
. . . . . . . .> age string
. . . . . . . .> )
. . . . . . . .> ROW FORMAT SERDE
. . . . . . . .> 'org.apache.hadoop.hive.contrib.serde2.RegexSerDe'
. . . . . . . .> WITH SERDEPROPERTIES(
```

```
. . . . . . .>    'input.regex' = '([^,]*),([^,]*),([^,]*)',
. . . . . . .>    'output.format.string' = '%1$s %2$s %3$s'
. . . . . . .> )
. . . . . . .> STORED AS TEXTFILE;
No rows affected (0.266 seconds)
```

- HBaseSerDe: 하이브를 HBase와 통합할 수 있는 내장 SerDe이다. HBaseSerDe를 사용해 HBase에 하이브 테이블을 저장할 수 있다. 다음 쿼리를 실행하기 전에 HBase가 미리 설치되어 있어야 한다.

```
jdbc:hive2://> CREATE TABLE test_serde_hb(
. . . . . . .> id string,
. . . . . . .> name string,
. . . . . . .> sex string,
. . . . . . .> age string
. . . . . . .> )
. . . . . . .> ROW FORMAT SERDE
. . . . . . .> 'org.apache.hadoop.hive.hbase.HBaseSerDe'
. . . . . . .> STORED BY
. . . . . . .> 'org.apache.hadoop.hive.hbase.HBaseStorageHandler'
. . . . . . .> WITH SERDEPROPERTIES (
. . . . . . .> "hbase.columns.mapping"=
. . . . . . .> ":key,info:name,info:sex,info:age"
. . . . . . .> )
. . . . . . .> TBLPROPERTIES("hbase.table.name" = "test_serde");
No rows affected (0.387 seconds)
```

- AvroSerDe: 하이브 테이블에 Avro(http://avro.apache.org/를 참고) 데이터를 이용해 읽고 저장할 수 있는 내장 SerDe이다. Avro는 원격 프로시저 호출이고 데이터 직렬 프레임워크다. 하이브 0.14.0 버전부터 CREATE TABLE ... STORED AS AVRO 문을 사용해 Avro로 저장할 테이블을 다음처럼 간단하게 생성할 수 있다.

```
jdbc:hive2://> CREATE TABLE test_serde_avro(
. . . . . . .> name string,
```

```
. . . . . . . .> sex string,
. . . . . . . .> age string
. . . . . . . .> )
. . . . . . . .> ROW FORMAT SERDE
. . . . . . . .> 'org.apache.hadoop.hive.serde2.avro.AvroSerDe'
. . . . . . . .> STORED AS INPUTFORMAT
. . . . . . . .> 'org.apache.hadoop.hive.ql.io.avro.
AvroContainerInputFormat'
. . . . . . . .> OUTPUTFORMAT
. . . . . . . .> 'org.apache.hadoop.hive.ql.io.avro.
AvroContainerOutputFormat'
. . . . . . . .>;
No rows affected (0.31 seconds)
```

- ParquetHiveSerDe: 하이브 0.13.0 버전부터 Parquet 데이터 포맷을 읽고 쓸 수 있는 내장 SerDe(parquet.hive.serde.ParquetHiveSerDe)이다. 다음과 같이 사용될 수 있다.

```
jdbc:hive2://> CREATE TABLE test_serde_parquet
. . . . . . . .> STORED AS PARQUET AS
. . . . . . . .> SELECT name from employee;
No rows affected (34.079 seconds)
```

- OpenCSVSerDe: CSV 데이터를 읽고 쓸 수 있는 SerDe이다. 하이브 0.14.0 버전부터 내장 SerDe이다. https://github.com/ogrodnek/csv-serde와 같은 오픈 소스 라이브러리의 구현체를 설치할 수도 있다. 다음과 같이 사용될 수 있다.

```
jdbc:hive2://> CREATE TABLE test_serde_csv(
. . . . . . . .> name string,
. . . . . . . .> sex string,
. . . . . . . .> age string
. . . . . . . .>)
. . . . . . . .> ROW FORMAT SERDE
. . . . . . . .> 'org.apache.hadoop.hive.serde2.OpenCSVSerde'
. . . . . . . .> STORED AS TEXTFILE;
```

- JSONSerDe: 하이브로 JSON 데이터 레코드를 읽고 사용할 수 있는 외부 SerDe이다. 다음 쿼리를 하기 전에 https://github.com/rcongiu/Hive-JSON-Serde에서 다운로드해 설치해야 한다.

```
jdbc:hive2://> CREATE TABLE test_serde_js(
. . . . . . .> name string,
. . . . . . .> sex string,
. . . . . . .> age string
. . . . . . .> )
. . . . . . .> ROW FORMAT SERDE 'org.openx.data.jsonserde.JsonSerDe'
. . . . . . .> STORED AS TEXTFILE;
No rows affected (0.245 seconds)
```

또한, 언급한 데이터 포맷 중 사용자가 사용할 수 있는 데이터 포맷이 없다면, 사용자 정의 SerDe를 정의할 수 있다. 사용자 정의 SerDe에 대해 더 알고 싶다면 아파치 하이브 위키(https://cwiki.apache.org/confluence/display/Hive/DeveloperGuide#DeveloperGuide-HowtoWriteYourOwnSerDe)를 참고한다.

요약

8장에서는 하이브의 기능을 확장하는 세 가지 주요 영역을 소개했다. 또한, 하이브의 세 가지 사용자 정의 함수와 코드 템플릿, 코드 개발에 도움이 될 개발 단계와 배포 사례와 자바뿐 아니라 다른 언어로 플러그인으로 추가할 수 있는 스트리밍을 살펴봤다. 데이터를 읽거나 쓸 때 데이터 파일의 파일 포맷을 파싱할 수 있는 SerDe까지 다뤘기 때문에, 8장을 충분히 학습했다면 기본 UDF, 스트리밍의 플러그인 코드 개발은 물론 하이브에서 사용 가능한 SerDe를 다룰 수 있을 것이다. 9장에서는 하이브의 보안 고려 사항에 대해 다룬다.

9
보안 고려 사항

대부분의 오픈 소스 소프트웨어의 보안은 매우 중요한 영역이지만 항상 나중에 언급된다. 하이브는 하둡의 데이터의 SQL과 같은 주요 인터페이스로서, 데이터를 안전하게 보호하고 접근해야 한다. 이런 이유로 하이브의 보안은 하둡 생태계에서 완전하고 중요한 요소로 여겨진다. 하이브의 초기 버전은 주로 보안상 HDFS에 의존했다. 하이브 서버의 중요한 이정표로서 HiveServer2가 배포된 이후에, 하이브 보안은 차츰 성숙해갔다.

9장에서는 다음 세 분야에서 하이브 보안을 논의한다.

- 인증
- 권한
- 암호화

인증

인증은 사용자의 인증서를 획득해 사용자의 신원을 확인하는 프로세스다. 하이브는 HiveServer2부터 인증 기능을 제공한다. HiveServe2 이전 버전인 HiveServer에서는 네트워크를 통해 장비/포트에 접근할 때, 데이터 접근이 가능했다. 이 경우, 메타 저장소 서버^{Hive Metastore Server}는 커버로스^{Kerberos}를 사용해 스리프트^{thrift} 클라이언트를 인증할 수 있다. 2장, '하이브 환경 설정'에서 언급한 것처럼 보안과 안정성 관점에서 하이브 서버를 HiveServer2로의 업그레이드를 강력히 추천한다. 본 섹션에서는 메타 저장소 서버와 HiveServer2에 대한 인증 설정에 대해 간략히 설명한다.

커버로스

커버로스(Kerberos)는 MIT가 개발한 네트워크 인증 프로토콜로서, 아테나 프로젝트(Project Athena)의 한 부분이었다. 커버로스는 보안이 대비되지 않는 네트워크 환경에서 안전한 사용자 인증을 위해 대칭 키 암호화를 사용한 티켓을 생성한다. 생성된 커버로스 티켓은 시간에 민감하다. 커버로스 이름의 유래는 그리스 신화에서 나왔으며, 하데스의 문을 지키는 머리가 세 개인 개였다. 세 개의 머리는 커버로스 인증 절차에 연관 있는 세 가지 영역 클라이언트, 서버, 키 배포 센터(KDC, Key Distribution Center)를 나타낸다. KDC에 등록된 모든 클라이언트와 서버는 도메인의 DNS 이름이 모두 대문자다. 더 상세한 정보를 알고 싶다면 MIT 커버로스 웹사이트(http://web.mit.edu/kerberos/)를 참고한다.

메타 저장소 서버 인증

커버로스를 사용해 하이브 메타 저장소 서버에서 클라이언트를 인증하려면 hive-site.xml 파일의 다음 속성을 설정한다.

- 클라이언트 커버로스 인증을 강제하기 위해 SASL^{Simple Authentication and Security Layer} 프레임워크를 다음과 같이 활성화한다.

```
<property>
  <name>hive.metastore.sasl.enabled</name>
```

```
    <value>true</value>
    <description>If true, the metastore thrift interface will
      be secured with SASL framework. Clients must
      authenticate with Kerberos.</description>
</property>
```

- 생성된 커버로스 키탭^{keytab}을 명세한다. 다른 위치에 있는 키탭 파일을 명세하고 싶다면 키탭 파일의 위치를 다음 예제처럼 덮어쓴다. 오직 파일 소유자가 읽을 수 있도록 파일 접근 권한을 400으로 수정해 다른 사용자가 식별 정보를 볼 수 없도록 한다.

```
<property>
    <name>hive.metastore.kerberos.keytab.file</name>
    <value>/etc/hive/conf/hive.keytab</value>
    <description>The sample path to the Kerberos Keytab file
      containing the metastore thrift server's service
      principal.</description>
</property>
```

- 커버로스의 주요 패턴 문자열을 명세한다. 특수 문자열인 _HOST는 올바른 장비 이름으로 자동으로 교체된다. YOUR-REALM.COM 값을 실제 렘^{realm} 이름으로 교체해야 한다.

```
<property>
    <name>hive.metastore.kerberos.principal</name>
    <value>hive/_HOST@YOUR-REALM.COM</value>
    <description>The service principal for the metastore thrift
server.</description>
</property>
```


HiveServer2 인증

HiveServer2는 인증을 지원한다. 인증 모드 중 하나를 사용하기 위해 다음처럼 hive_site.xml의 속성을 설정할 수 있다.

- 무 인증^{NONE}: 무 인증은 기본 값이다. 여기서 NONE은 다음 설정에서 보여준 것처럼 익명 접근을 할 수 있는 설정을 의미한다.

```xml
<property>
    <name>hive.server2.authentication</name>
    <value>NONE</value>
</property>
```

- 커버로스 인증^{KERBEROS}: 커버로스 인증을 사용하면, 스리프트 클라이언트와 HiveServer2 간의 인증, HiveServer2와 HDFS 간의 지원한다. HiveServer2에서 커버로스 인증을 사용하려면 hive_site.xml 속성에서 키탭 경로를 명세할 뿐 아니라 YOUR-REALM.COM을 실제 렘 이름으로 변경한다.

```xml
<property>
    <name>hive.server2.authentication</name>
    <value>KERBEROS</value>
</property>
<property>
    <name>hive.server2.authentication.kerberos.keytab</name>
    <value>/etc/hive/conf/hive.keytab</value>
</property>
<property>
    <name>hive.server2.authentication.kerberos.principal</name>
    <value>hive/_HOST@YOUR-REALM.COM</value>
</property>
```

커버로스를 활성화하면 비라인 같은 JDBC 클라이언트는 다음과 같이 JDBC 연결 문자열에 주요 매개변수를 포함해야 한다.

jdbc:hive2://HiveServer2HostName:10000/default;principal=hive/HiveServer2HostName@YOUR-REALM.COM

- LDAP 인증: LDAP(http://tools.ietf.org/html/rfc4511) 기반의 사용자와 패스워드 확인을 사용하려면 다음 속성을 설정할 수 있다.

```xml
<property>
    <name>hive.server2.authentication</name>
    <value>LDAP</value>
</property>
```

```
<property>
    <name>hive.server2.authentication.ldap.url</name>
    <value>LDAP_URL, such as ldap://ldaphost@company.com</value>
</property>
<property>
    <name>hive.server2.authentication.ldap.Domain</name>
    <value>Your Domain Name</value>
</property>
```

OpenLDAP로 설정하려면 다음처럼 Domain 속성 대신 baseDN 설정을 추가해
야 한다.

```
<property>
    <name>hive.server2.authentication.ldap.baseDN</name>
    <value>LDAP_BaseDN, such as ou=people,dc=packtpub,dc=com</value>
</property>
```

- 플러거블^{pluggable} 사용자 정의 인증: 플러거블 사용자 정의 인증은 HiveServer2
  의 사용자 정의 인증을 지원한다. 해당 설정을 사용하려면 다음과 같이 설정
  한다.

```
<property>
    <name>hive.server2.authentication</name>
    <value>CUSTOM</value>
</property>
<property>
    <name>hive.server2.custom.authentication.class</name>
    <value>pluggable-auth-class-name</value>
    <description> Custom authentication class name, such as
      com.packtpub.hive.essentials.hiveudf.customAuthenticator</
description>
</property>
```

 하이브 0.13.0 버전에서 수정할 때까지 사용자가 정의된 클래스로 플러거블 인증 방식
을 사용할 수 없었다(https://issues.apache.org/jira/browse/HIVE-4778).

다음은 `org.apache.hive.service.auth.PasswdAuthenticationProvider` 인터페이스를 구현한 사용자 정의 클래스의 예제다. 오버라이드 된 Authenticate 메소드는 사용자 이름과 패스워드를 인증에 대한 중요 기능을 가지고 있다. 컴파일 된 JAR 파일을 `$HIVE_HOME/lib/`에 복사하면 이전 설정이 동작할 수 있다.

customAuthenticator.java

```java
package com.packtpub.hive.essentials.hiveudf;

import java.util.Hashtable;
import javax.security.sasl.AuthenticationException;
import org.apache.hive.service.auth.PasswdAuthenticationProvider;

/*
 * HiveServer2 인증에 대한 사용자 정의 클래스
 */

public class customAuthenticator implements
PasswdAuthenticationProvider {

    Hashtable<String, String> authHashTable = null;

    public customAuthenticator () {
        authHashTable = new Hashtable<String, String>();
        authHashTable.put("user1", "passwd1");
        authHashTable.put("user2", "passwd2");
    }

    @Override
    public void Authenticate(String user, String password)
            throws AuthenticationException {

        String storedPasswd = authHashTable.get(user);

        if (storedPasswd != null && storedPasswd.equals(password))
            return;
```

```
      throw new AuthenticationException("customAuthenticator
Exception: Invalid user");
    }
}
```

- 플러거블 인증 모듈^{PAM, Pluggable Authentication Modules} 인증: 하이브 0.13.0 버전부터 PAM 인증을 지원하기 때문에, 하이브에 플러그인할 수 있는 기존의 인증 메커니즘의 이점을 제공한다. PAM 인증을 사용하려면 다음과 같이 설정한다. PAM 설치 방법에 대한 정보를 더 보고 싶다면, 아파치 하이브 위키(https://cwiki.apache.org/confluence/display/Hive/Setting+Up+HiveServer2#SettingUpHiveServer2-PluggableAuthenticationModules(PAM))의 'Setting Up HiveServer2' 글을 참고한다.

```
<property>
    <name>hive.server2.authentication</name>
    <value>PAM</value>
</property>
<property>
    <name>hive.server2.authentication.pam.services</name>
    <value>pluggable-auth-class-name</value>
    <description> Set this to a list of comma-separated PAM services
that will be used. Note that a file with the same name as the PAM
service must exist in /etc/pam.d.</description>
</property>
```

권한

하이브의 권한은 사용자가 데이터 또는 메타데이터를 생성, 읽기, 쓰기와 같은 특정 액션을 수행할 때, 해당 액션이 허용되는지 확인한다. 하이브는 세 개의 권한 모드인 레거시 인증 모드, 저장소 기반 모드, SQL 표준 기반 모드를 제공한다.

레거시 권한 모드

레거시 권한 모드^{legacy authorization mode}는 HQL 문을 통해 칼럼과 로우 레벨 단위의 인증을 제공하는 하이브의 기본 권한 모드다. 하지만, 완벽한 보안 권한 모드가 아니며 여러 한계를 가진다. 악의적인 사용자의 공격을 막기보다는 하이브 사용자가 우연히 잘못된 동작을 주로 막는데 사용된다. 레거시 권한 모드를 사용하려면, hive-site.xml의 다음 속성을 설정해야 한다.

```
<property>
    <name>hive.security.authorization.enabled</name>
    <value>true</value>
    <description>enables or disable the hive client authorization
    </description>
</property>
<property>
    <name>hive.security.authorization.createtable.owner.grants</name>
    <value>ALL</value>
    <description>the privileges automatically granted to the owner
whenever a table gets created. An example like "select, drop" will grant
select and drop privilege to the owner of the table.
    </description>
</property>
```

레거시 권한 모드는 보안 권한 모드가 아니기 때문에, 더 이상의 내용을 다루지 않는다. 레거시 권한 모드에 대한 HQL 지원을 보려면 아파치 하이브 위키(https://cwiki.apache.org/confluence/display/Hive/Hive+Default+Authorization+-+Legacy+Mode)를 참고한다.

저장소 기반 권한 모드

저장소 기반 권한 모드^{storage-based authorization mode}(하이브 0.10.0 버전부터 지원)는 POSIX와 ACL 퍼미션(하이브 0.14.0 버전부터 지원, https://issues.apache.org/jira/browse/HIVE-7583)을 제공하는 HDFS 저장소 레이어에서 지원하는 권한을 기반으로 한다. 저장소 기반 권한 모드는 하둡 생태계에서 여러 애플리케이션의 메타데이터에 대해 일관적인 관점을 가진 하이브 메타 저장소 서버에서 활성화된다. 저장소 기반 권한 모드는 HDFS의 파일 디렉토리의 POSIX 퍼미션에 대한 하이브의 사용자 퍼미션을 확인한다. POSIX 퍼미션 모델뿐 아니라, 아파치 하둡 위키(http://hadoop.apache.org/docs/r2.4.0/hadoop-project-dist/hadoop-hdfs/HdfsPermissionsGuide.html#ACLs_Access_Control_Lists)의 HDFS ACL에서 설명한 대로 HDFS도 접근 제어 목록도 제공한다. 구현상 저장소 기반 권한 모드는 칼럼과 로우 레벨이 아닌 하이브 데이터베이스, 테이블, 파티션 레벨에서만 권한을 줄 수 있다. 저장소 기반 권한 모드가 HDFS 퍼미션에 의존성을 가질 경우, HQL 문을 이용한 권한 관리 기능의 유연성은 떨어진다.

저장소 기반 권한 모드를 사용하려면 hive-site.xml 파일의 다음 속성을 설정해야 한다.

```
<property>
    <name>hive.security.authorization.enabled</name>
    <value>true</value>
    <description>enable or disable the hive client authorization
    </description>
</property>
<property>
    <name>hive.security.authorization.manager</name>
    <value>org.apache.hadoop.hive.ql.security.authorization.StorageBasedA
uthorizationProvider</value>
    <description>The class name of the Hive client authorization
manager.</description>
</property>
<property>
    <name>hive.server2.enable.doAs</name>
    <value>true</value>
    <description>Allows Hive queries to be run by the user who submits
the query rather than the hive user.</description>
</property>
</property>
    <name>hive.metastore.pre.event.listeners</name>
    <value>org.apache.hadoop.hive.ql.security.authorization.
```

```
AuthorizationPreEventListener</value>
    <description>This turns on metastore-side security.</description>
</property>
<property>
    <name>hive.security.metastore.authorization.manager</name>
    <value>org.apache.hadoop.hive.ql.security.authorization.StorageBasedA
uthorizationProvider</value>
    <description>authenticator manager class name to be used in the
metastore for authentication.</description>
</property>
```

 저장소 기반 권한 모드는 하이브 0.14.0 버전부터 hive.security.metastore.
authorization.auth.reads 속성으로 데이터베이스와 테이블의 읽기 권한을 기본적으
로 가진다. 더 많은 정보를 원한다면 https://issues.apache.org/jira/browse/HIVE-
8221를 참고한다.

SQL 표준 기반 모드

칼럼과 로우 레벨에서 세분화된 접근 제어를 하려면, 하이브 0.13.0 버전부터
사용할 수 있는 SQL 기본 기반 모드를 사용할 수 있다. SQL 기본 기반 모드는
HiveServer2의 GRANT과 REVOKE 문을 사용한 SQL 권한과 비슷하다. 그러나
Hive CLI, Hadoop/HDFS/MapReduce 커맨드와 같은 툴은 HiveServer2를 통해
데이터에 접근하지 않기 때문에, SQL 표준 기반 모드는 해당 커맨드의 접근 권한
을 부여하지 않는다. 따라서, HiveServer2에서 접근이 불가한 사용자의 접근 권
한을 부여해주기 위해, SQL 표준 기반 모드 권한으로 저장소 기반 모드를 함께
사용하기를 추천한다.

SQL 표준 기반 모드를 사용하려면 hive-site.xml 파일의 다음 속성을 설정한다.

```
<property>
    <name>hive.server2.enable.doAs</name>
    <value>false</value>
```

```
    <description>Allows Hive queries to be run by the user who submits
the query rather than the hive user. Need to turn if off for this SQL
standard-base mode</description>
</property>
<property>
    <name>hive.users.in.admin.role</name>
    <value>dayongd,administrator</value>
    <description>Comma-separated list of users assigned to the ADMIN
role.</description>
</property>
<property>
    <name>hive.security.authorization.enabled</name>
    <value>true</value>
</property>
<property>
    <name>hive.security.authorization.manager</name>
    <value>org.apache.hadoop.hive.ql.security.authorization.plugin.sql</
value>
</property>
<property>
    <name>hive.security.authenticator.manager</name>
    <value>org.apache.hadoop.hive.ql.security.
SessionStateUserAuthenticator</value>
</property>
<property>
    <name>hive.metastore.uris</name>
    <value>" "</value>
    <description>" " (quotation marks surrounding a single empty
space).</description>
</property>
```

HiveServer2를 다시 시작하기 전에, 어드민 권한을 가진 사용자는 특정 사용자
에게 어드민 권한을 주기 위해 다음 커맨드를 실행해야 하고, HiveServer2를 재
시작 해야 한다.

```
jdbc:hive2://> GRANT admin TO USER dayongd;
```

롤^{role}을 부여하거나 취소할 수 있는 기본 문법은 다음과 같다.

```
GRANT <ROLENAME> TO <USERS> [ WITH ADMIN OPTION ];
REVOKE [ADMIN OPTION FOR] <ROLENAME> FROM <USERS>;
```

기본 문법의 매개변수를 설명한다.

- <ROLENAME>: 롤을 컴마 단위로 구분할 수 있다.
- <USERS>: 사용자 또는 롤이 될 수 있다.
- WITH ADMIN OPTION: 사용자가 다른 사용자에게 롤을 줄 수 있는 권한을 준다.

특정 권한^{privilege}을 부여하거나 취소할 수 있는 기본 문법은 다음과 같다.

```
GRANT <PRIVILEGE> ON <OBJECT> TO <USERS>;
REVOKE <PRIVILEGE> ON <OBJECT> FROM <USERS>;
```

기본 문법의 매개변수를 설명한다.

- <PRIVILEGE>: INSERT, SELECT, UPDATE, DELETE, ALL이 될 수 있다.
- <USERS>: 사용자나 롤이 될 수 있다.
- <OBJECT>: 테이블이나 뷰다.

SQL 표준 기반 모드로 관리할 수 있는 HQL 문의 더 많은 예제를 보고자 한다면 아파치 하이브 위키(https://cwiki.apache.org/confluence/display/Hive/SQL+Standard+Based+Hive+Authorization#SQLStandardBasedHiveAuthorization-Configuration)를 참고한다.

 센트리

센트리(Sentry)는 아파치 하둡 클러스터에 저장된 데이터와 메타데이터에 중앙 집중식이고, 세분화된 롤 기반의 권한을 제공하기 위한 고도의 모듈 시스템이다. 센트리의 고급 권한 제어를 전달하기 위해 하이브로 통합될 수 있다. 센트리에 대해 더 알고 싶다면 http://incubator.apache.org/projects/sentry.html을 참고한다.

암호화

개인 식별 정보[PII, Personal Identity Information]와 같이 민감하고 법적으로 보호되어야 하는 데이터는 파일시스템에 암호화된 포맷으로 데이터를 저장해야 한다. 그러나 하이브는 아직 내부적으로 암호화와 복호화를 지원하지 않는다(https://issues. apache.org/jira/browse/HIVE-5207).

대안으로 데이터를 하이브에서 얻은 후 암호화와 복호화할 수 있는 외부 툴을 찾을 수 있지만, 후속 추가 처리가 필요하다. 새로운 HDFS 암호화(https://issues. apache.org/jira/browseHDFS-6134)는 뛰어나고 투명한 암호화와 복호화를 제공한다. HDFS의 모든 데이터 집합의 암호화를 원한다면, 요구사항을 만족해야 한다. 하지만, 암호화된 대부분의 개인 식별 정보는 원본 데이터의 한 부분만 있는 하이브 테이블에서 선택된 칼럼과 로우 레벨에만 암호화를 적용할 수 없다. 이런 경우, 하이브 테이블의 선택된 칼럼 또는 부분 데이터에 암호화와 복호화 구현을 플러그인 할 수 있는 하이브 UDF 사용이 현재로는 가장 좋은 해결책이다.

암호화와 복호화를 할 수 있는 UDF를 구현한 예제는 다음처럼 AES 암호화 알고리즘을 사용했다.

- AESEncrypt.java: 다음과 같이 구현한다.

```
package com.packtpub.hive.essentials.hiveudf;

import org.apache.hadoop.hive.ql.exec.UDF;
import org.apache.hadoop.hive.ql.exec.Description;
import org.apache.hadoop.hive.ql.udf.UDFType;

@Description(
        name = "aesencrypt",
        value = "_FUNC_(str) - AES 키 기반의 암호화된 문자열을 리턴한다.",
        extended = "Example:\n" +
        "  > SELECT aesencrypt(pii_info) FROM table_name;\n"
        )
@UDFType(deterministic = true, stateful = false)
/*
```

```
 * 하이브 암호화 UDF
 */
public class AESEncrypt extends UDF {
    public String evaluate(String unencrypted) {
    String encrypted="";
     if(unencrypted != null) {
        try {
            encrypted = CipherUtils.encrypt(unencrypted);
        } catch (Exception e) {};
     }
     return encrypted;
    }
}
```

- AESDecrypt.java: 다음과 같이 구현할 수 있다.

```
package com.packtpub.hive.essentials.hiveudf;

import org.apache.hadoop.hive.ql.exec.UDF;
import org.apache.hadoop.hive.ql.exec.Description;
import org.apache.hadoop.hive.ql.udf.UDFType;

@Description(
        name = "aesdecrypt",
        value = "_FUNC_(str) - AES 키 기반의 암호화된 문자열을 리턴한다.",
        extended = "Example:\n" +
        " > SELECT aesdecrypt(pii_info) FROM table_name;\n"
        )
@UDFType(deterministic = true, stateful = false)
/*
 * 하이브 암호화 UDF
 */
public class AESDecrypt extends UDF {
    public String evaluate(String encrypted) {
    String unencrypted = new String(encrypted);
     if(encrypted != null) {
        try {
            unencrypted = CipherUtils.decrypt(encrypted);
```

```
            } catch (Exception e) {};
        }
        return unencrypted;
    }
}
```

- CipherUtils.java: 다음과 같이 구현할 수 있다.

```
package com.packtpub.hive.essentials.hiveudf;

import javax.crypto.Cipher;
import javax.crypto.spec.SecretKeySpec;
import org.apache.commons.codec.binary.Base64;
/*
 * 핵심 암호화와 복호화 로직 함수
 */
public class CipherUtils
{
    // ASCII 관점의 비밀키다.
    private static byte[] key = {
        0x75, 0x69, 0x69, 0x73, 0x40, 0x73, 0x41, 0x53, 0x65, 0x65,
0x72, 0x69, 0x74, 0x4b, 0x65, 0x75
    };

    public static String encrypt(String strToEncrypt)
    {
        try
        {
            // 알고리즘을 준비한다.
            Cipher cipher = Cipher.getInstance("AES/ECB/
PKCS5Padding");
            final SecretKeySpec secretKey = new SecretKeySpec(key,
"AES");
            // 암호화에 쓰이는 암호를 초기화한다.
            cipher.init(Cipher.ENCRYPT_MODE, secretKey);
            // ASCII 문자열로 받는 Base64.encodeBase64String
            final String encryptedString = Base64.
encodeBase64String(cipher.doFinal(strToEncrypt.getBytes()));
```

```java
            return encryptedString.replaceAll("\r|\n", "");
        }
        catch (Exception e)
        {
            e.printStackTrace();
        }
        return null;

    }


    public static String decrypt(String strToDecrypt)
    {
        try
        {
            // 알고리즘을 준비한다.
            Cipher cipher = Cipher.getInstance("AES/ECB/
PKCS5PADDING");
            final SecretKeySpec secretKey = new SecretKeySpec(key,
"AES");
            // 복호화에 쓰이는 암호를 초기화한다.
            cipher.init(Cipher.DECRYPT_MODE, secretKey);
            final String decryptedString = new String(cipher.
doFinal(Base64.decodeBase64(strToDecrypt)));
            return decryptedString;
        }
        catch (Exception e)
        {
            e.printStackTrace();

        }
        return null;
    }
}
```

AES

고급 암호화 표준인 AES(Advanced Encryption Standard)는 벨기에 암호학자 조안 데먼(Joan Daemen)과 빈센트 리즈먼(Vicent Rijmen)이 개발한 대칭 128비트 블록 데이터 암호화 기술이다. AES에 대해 더 자세한 정보는 http://en.wikipedia.org/wiki/Advanced_Encryption_Standard를 참고한다.

예제의 UDF를 배포하고 동작을 확인하려면 다음과 같이 진행한다.

```
jdbc:hive2://> ADD JAR /home/dayongd/Downloads/
. . . . . . .> hiveessentials-1.0-SNAPSHOT.jar;
No rows affected (0.002 seconds)

jdbc:hive2://> CREATE TEMPORARY FUNCTION aesdecrypt AS
. . . . . . .> 'com.packtpub.hive.essentials.hiveudf.AESDecrypt';
No rows affected (0.02 seconds)

jdbc:hive2://> CREATE TEMPORARY FUNCTION aesencrypt AS
. . . . . . .> 'com.packtpub.hive.essentials.hiveudf.AESEncrypt';
No rows affected (0.015 seconds)

jdbc:hive2://> SELECT aesencrypt('Will') AS encrypt_name
. . . . . . .> FROM employee LIMIT 1;
+---------------------------+
|       encrypt_name        |
+---------------------------+
| YGvo54QIahpb+CVOwv9OkQ==  |
+---------------------------+
1 row selected (34.494 seconds)

jdbc:hive2://> SELECT aesdecrypt('YGvo54QIahpb+CVOwv9OkQ==')
. . . . . . .> AS decrypt_name
. . . . . . .> FROM employee LIMIT 1;
+---------------+
| decrypt_name  |
+---------------+
```

```
| Will           |
+---------------+
1 row selected (45.43 seconds)
```

요약

9장에서는 하이브 보안에 대한 세 가지 주요 영역인 인증, 권한, 암호화를 소개하고, 메타 저장소 서버와 HiveServer2의 인증을 다뤘다. 또한 HiveServer2의 레거시 권한 모드, 저장소 기반 권한 모드, SQL 표준 기반 모드에 대해 살펴보고, 암호화와 복호화를 사용하는 하이브 UDF의 사용 방법을 살펴봤다. 9장을 통해 하이브의 보안 문제 해결에 도움이 될만한 부분을 확실히 이해했을 것으로 기대한다.

10장에서는 여러 툴을 이용해 하이브의 사용 방법을 살펴보겠다.

10
다른 툴과의 연동

하이브는 하둡 툴 중 가장 먼저 시작하고, 가장 인기있는 SQL 중 하나다. 하이브를 엔드투엔드 데이터 인텔리전스 솔루션으로 제공하기 위해, 다른 툴과 함께 연동 가능한 많은 사례를 가지고 있다. 10장에서는 하이브와 다른 빅데이터 툴과의 연동 방법을 다음과 같이 나눠서 설명한다.

- JDBC / ODBC 커넥터
- HBase
- Hue
- HCatalog
- 주키퍼Zookeeper
- 우지Oozie
- 하이브 로드맵

JDBC/ODBC 커넥터

JDBC/ODBC는 하이브가 다른 툴과 연동할 수 있는 가장 일반적인 방법 중 하나다. 클라우데라와 호튼웍스와 같은 하둡 업체는 하이브 JDBC/ODBC 드라이버를 무료로 제공해 하이브가 해당 드라이버에 연결될 수 있다. 다음 링크에서 JDBC/ODBC 드라이버를 다운로드할 수 있다.

- 클라우데라 링크: http://www.cloudera.com/downloads.html
- 호튼웍스 링크: http://hortonworks.com/hdp/addons/

하이브에 다음과 같은 툴을 연결하기 위해 JDBC/ODBC 커넥터를 사용할 수 있다.

- 2장, '하이브 환경 설정'에서 다룬 비라인Beeline과 같은 커맨드 라인 유틸리티
- 2장, '하이브 환경 설정'에서 다룬 오라클 SQL 디벨롭퍼와 같은 IDE
- 탈렌드 오픈 스튜디오Talend Open Studio와 같은 데이터 추출, 변환, 로딩, 통합 툴
- 재스퍼 리포츠Jasper Reports나 오리크뷰QlikView와 같은 비지니스 인텔리전스 보고 툴
- 마이크로소프트 엑셀 2013과 같은 데이터 분석 툴
- Tableau과 같은 데이터 시각화 툴

커넥터의 설치는 매우 단순하기 때문에, 하이브에 연결하기 위해 더 상세한 내용을 알고 싶다면, 다운로드 링크의 웹 사이트를 참고한다.

HBase

HBase(http://hbase.apache.org/ 참고)는 성능이 좋은, 하둡 기반의 NoSQL 키/값 저장소다. 하이브는 하이브가 관리하는 HBase 테이블을 생성하는 `HBaseStorageHandler`를 사용해 HBase와 연동할 수 있는 저장소 처리 메커니즘을 제공한다. 하이브를 HBase와 연동함으로써 하이브 사용자는 실시간 빅데이터 분석을 할 수 있는 HBase의 실시간 트랜잭션 성능을 활용할 수 있다. 현재, 통합

기능은 여전히 진행 중이며, 특히 성능과 스냅샷 관련 기능 개발이 진행 중이다. HBase에서 높은 성능의 기본 SQL을 제공하는 Phoenix(http://phoenix.apache. org/)라는 프로젝트도 있다.

HQL에서 HBase 테이블을 생성하는 예제는 다음과 같다.

```
CREATE TABLE hbase_table_sample(
id int,
value1 string,
value2 string,
map_value map<string, string>
)
STORED BY 'org.apache.hadoop.hive.hbase.HBaseStorageHandler'
WITH SERDEPROPERTIES ("hbase.columns.mapping" =
":key,cf1:val,cf2:val,cf3:")
TBLPROPERTIES ("hbase.table.name" = "table_name_in_hbase");
```

예제를 보면 CREATE TABLE 문에 HBaseStorageHandler 클래스가 특이하게 존재하는데, 해당 클래스는 HiveHBaseTableInputFormat과 HiveHBaseTableOutputFormat을 포함하는 HBase 테이블과의 상호작용을 위임한다. CREATE TABLE 문에 정의된 모든 테이블의 칼럼을 순서대로 HBase 테이블 칼럼에 매핑하기 위해서는 hbase.columns.mapping 속성이 필요하다. 예를 들어, ID는 HBase 테이블의 로우 키인 :key를 순서대로 매핑한다. 때때로, HBase 테이블에 로우 키로 사용할 수 있는 칼럼이 없다면, 하이브 UDF를 사용해 로우 키 칼럼을 생성할 필요가 있다. value1는 HBase의 cf1 칼럼 패밀리의 val 칼럼으로 매핑한다. 하이브 MAP 데이터 타입은 모든 칼럼 패밀리에 접근하도록 사용 가능하다. 각 로우는 여러 칼럼 집합을 가질 수 있고, map_value 칼럼과 같이 칼럼 이름은 맵 키에 해당되고 칼럼 값은 맵 값에 해당된다. hbase.table.name 속성은 옵션인데, HBase에게 테이블 이름을 알리기 위해 명세한다. 만약 hbase.table.name 속성을 사용하지 않으면, 하이브와 HBase 테이블은 hbase_table_sample과 같은 동일한 이름을 갖게 된다.

하이브와 HBase 간의 통합과 관련된 설정과 기능에 대해 더 알고 싶다면 아파치 하이브 위키(https://cwiki.apache.org/confluence/display/Hive/HBaseIntegration)를 참고한다.

Hue

Hue(http://gethue.com/)는 Hadoop User Experience의 약자로 하둡 생태계를 사용하기 쉽게 해주는 웹 인터페이스다. 하이브 사용자를 위해 Hue는 상호작용 환경에서 HDFS와 하이브에 쉽게 접근하도록 통합된 웹 인터페이스를 제공한다. Hue는 하둡 외부 업체 패키지 또는 단독으로 설치 가능하다. 추가로 Hue는 다음과 같이 하이브에 프로그래밍에 익숙한 기능을 보유하고 있다.

- HQL 키워드를 강조한다.
- HQL 쿼리에 자동 완성 기능이 있다.
- 하이브와 맵리듀스 작업에 대해 실시간 작업 진행 현황과 로그를 제공한다.
- 여러 쿼리를 실행할 수 있고, 쿼리 실행 후 쿼리의 진행 상태를 확인한다.
- 웹 인터페이스로 하이브 테이블의 데이터를 살펴본다.
- 메타데이터를 살펴본다.
- UDF를 등록하고, 웹 사용자 인터페이스로 파일/아카이브를 추가한다.
- 쿼리 결과를 저장, 익스포트, 공유한다.
- 쿼리 결과에서 다양한 차트를 생성한다.

다음은 Hue의 하이브 에디터 인터페이스의 화면이다.

Hue 하이브 에디터 사용자 인터페이스

HCatalog

HCatalog(https://cwiki.apache.org/confluence/display/Hive/HCatalog)는 하둡 데이터의 메타데이터 관리 시스템이다. HCatalog는 피그, 하이브, 맵리듀스 같은 하둡 생태계 툴의 스키마 정보가 일관성이 유지되도록 저장한다. HCatalog에서 InputFormat, OutputFormat, SerDe를 구현한다면 HCatalog는 기본적으로 RCFile, CSV, JSON, SequenceFile, ORC 파일, 사용자 정의 포맷의 데이터를 지원한다. 사용자는 HCatalog를 사용해 직접 메타데이터를 생성, 편집, 노출할 수 있다(REST API를 이용). 해당 메타데이터는 메타데이터의 동일한 부분을 공유하는 모든 도구에 즉시 적용된다. HCatalog가 처음 만들어질 때는 독립 아파치 프로젝트였고, 대부분 아파치 프로젝트가 시작되는 인큐베이터[Apache Incubator]에서 시작됐다. 결과적으로 HCatalog는 2013년 하이브 0.11.0 버전부터 하이브의 일부분이 됐다.

HCatalog는 하이브 메타 저장소 기반으로 개발되고, 하이브 DDL을 지원한다. HCatalog는 읽기와 쓰기 인터페이스, `HCatLoader`, `HCatStorer`를 제공하고 있으며, 특히 피그를 위한 HCatalog는 피그의 읽기 및 저장 인터페이스를 각각 구현했다. 또한, HCatalog는 `HCatInputFormat`과 `HCatOutputFormat`을 사용함으로서 맵리듀스 프로그램을 위한 인터페이스를 제공한다. `HCatInputFormat`과 `HCatOutputFormat`을 하둡의 `InputFormat`과 `OutputFormat`을 구현한 사용자 정의 포맷과 매우 유사하다. HCatalog는 `WebHCat`이라 불리는 컴포넌트에서 REST API를 제공해 하둡 맵리듀스/얀, 피그, 하이브, 여러 애플리케이션에서 HCatalog DDL의 메타데이터를 접근할 수 있는 HTTP 요청을 만들 수 있다. HCatalog는 하이브의 메타 저장소를 사용하기 때문에 하이브 인터페이스가 전혀 없다. 따라서, HCatalog는 직접 CLI를 이용해 하이브의 메타데이터를 정의할 수 있다. HCatalog CLI는 HQL `SHOW/DESCRIBE` 문과 하이브 DDL의 대부분을 지원하지만, 맵리듀스 작업의 실행에 필요한 다음 문장을 지원하지 않는다.

- `CREATE TABLE ... AS SELECT`
- `ALTER INDEX ... REBUILD`
- `ALTER TABLE ... CONCATENATE`
- `ALTER TABLE ARCHIVE/UNARCHIVE PARTITION`
- `ANALYZE TABLE ... COMPUTE STATISTICS`
- `IMPORT/EXPORT`

주키퍼

주키퍼^{ZooKeeper}(http://zookeeper.apache.org/)는 다양한 이름과 조율 기능에 대한 설정 관리 기능, 동기화를 지원하는 중앙 집중식 서비스다. 주키퍼는 이름을 등록하는 장소를 관리하고, 계층적인 시스템에서 동적 또는 정적인 다양한 이름을 가진 객체를 효율적으로 관리한다. 또한 주키퍼는 조율 기능을 활성화해 다중 병렬 프로세스에 의해 관리되는 파일이나 데이터와 같은 공유 자원을 통제한다.

하이브는 RDBMS와 달리 병렬 접근과 잠금lock 메커니즘을 기본적으로 지원하지 않는다. 하이브 0.7.0 버전부터 공유 자원의 잠금 기능을 주키퍼에 의존한다. 주키퍼를 통해 하이브가 제공하는 두 가지 타입의 잠금 기능은 다음과 같다.

- 공유 잠금shared lock: 테이블/파티션을 읽을 때, 공유 잠금이 걸린다. 하이브는 병렬 공유 잠금을 허용한다.
- 배타적 잠금exclusive lock: 하이브 테이블을 수정하는 모든 명령어에서 배타적 잠금이 걸린다. 파티션 테이블 중, 새롭게 생성된 파티션에 변경이 발생할 때만 공유 잠금이 걸린다. 모든 파티션에 변경이 발생하면, 테이블에 배타적 잠금이 걸린다. 게다가, 테이블의 배타적 잠금은 모든 파티션에 전체적인 영향을 끼친다.

모든 HQL은 잠금이 허용된 연관 명령어가 수행되기 전에 잠금을 반드시 얻어야 한다.

하이브에서 잠금 메커니즘을 활성화하려면 주키퍼를 설치해야 하고, 하이브의 hive-site.xml에서 다음 설정과 같이 수정해야 한다.

```
<property>
    <name>hive.support.concurrency</name>
    <description>Enable Hive's Table Lock Manager Service</description>
    <value>true</value>
</property>

<property>
    <name>hive.zookeeper.quorum</name>
    <description>Comma separated Zookeeper quorum used by Hive's Table
Lock Manager. </description>
    <value>localhost.localdomain</value>
</property>
```

또한, 하이브 0.13.0 버전부터 트랜잭션의 새로운 잠금 관리자를 사용할 수 있는
설정을 다음과 같이 사용할 수 있다.

```
<property>
    <name>hive.txn.manager</name>
    <value>org.apache.hadoop.hive.ql.lockmgr.DbTxnManager</value>
</property>
```

 주키퍼를 설정하면 https://cwiki.apache.org/confluence/display/Hive/Configu
ration+Properties#ConfigurationProperties-Locking에 있는 잠금 설정을 상세하
게 명세할 수 있다.

잠금은 HQL에서 암묵적으로 얻거나 풀 수 있고, 다음과 같이 LOCK과 UNLOCK 문
을 사용할 수 있다.

```
--테이블을 잠그고, 잠금 타입을 명세한다.
jdbc:hive2://> LOCK TABLE employee shared;
No rows affected (1.328 seconds)

--특정 테이블에 잠금 정보를 살펴본다.
jdbc:hive2://> SHOW LOCKS employee EXTENDED;
+----------------------------------------------------------------------+-----+
|                              tab_name                                 | mo  |
+----------------------------------------------------------------------+-----+
| default@employee                                                     | SHA |
| LOCK_QUERYID:hive_20150105170303_792598b1-0ac8-4aad-aa4e-c4cdb0de6697 |     |
| LOCK_TIME:1420495466554                                              |     |
| LOCK_MODE:EXPLICIT                                                   |     |
| LOCK_QUERYSTRING:LOCK TABLE employee shared                          |     |
+----------------------------------------------------------------------+-----+
5 rows selected (0.576 seconds)

--테이블 잠금을 푼다.
jdbc:hive2://> UNLOCK TABLE employee;
No rows affected (0.209 seconds)
```

```
--데이터베이스의 모든 잠금을 살펴본다.
jdbc:hive2://> SHOW LOCKS;
+-----------+-------+
| tab_name  | mode  |
+-----------+-------+
+-----------+-------+
No rows selected (0.529 seconds)

jdbc:hive2://> LOCK TABLE employee exclusive;
No rows affected (0.185 seconds)

jdbc:hive2://> SHOW LOCKS employee EXTENDED;
+-----------------------------------------------------------------------+-----+
|                               tab_name                                | mo  |
+-----------------------------------------------------------------------+-----+
| default@employee                                                      | EXC |
| LOCK_QUERYID:hive_20150105170808_bbc6db18-e44a-49a1-bdda-3dc30b5c8cee  |     |
| LOCK_TIME:1420495807855                                                |     |
| LOCK_MODE:EXPLICIT                                                     |     |
| LOCK_QUERYSTRING:LOCK TABLE employee exclusive                        |     |
+-----------------------------------------------------------------------+-----+
5 rows selected (0.578 seconds)

jdbc:hive2://> SELECT * FROM employee;
```

하이브 테이블이 배타적 잠금을 얻으면, 이전 SELECT 문은 잠금을 기다려야 한다.
다른 세션에서 테이블 잠금을 풀지 않으면, 해당 테이블은 아무 값도 리턴하지
않는다. 하이브 로그 파일에서 SELECT 문이 읽기 잠금read lock을 얻기 위해 기다리
는 로그를 확인할 수 있을 것이다.

```
15/01/05 17:13:39 INFO ql.Driver: <PERFLOG method=acquireReadWriteLocks>
15/01/05 17:13:39 ERROR ZooKeeperHiveLockManager: conflicting lock present
for default@employee mode SHARED
```

 주키퍼를 이용해 하이브 잠금에 대한 더 많은 정보를 얻고 싶다면 아파치 하이브 위키
(https://cwiki.apache.org/confluence/display/Hive/Locking)를 참고한다.

우지

우지^{oozie}(http://oozie.apache.org/)는 오픈 소스 프로젝트이며, 데이터 처리 작업을 관리할 수 있는 워크플로우 조율 기능과 스케줄 기능이 있다. 우지의 워크플로우 작업은 방향성 비순환 그래프^{DAG, Directed Acyclical Graph}에서 노드를 순서대로 정의한다. 방향성 비순환 그래프의 비순환이란 그래프에 반복^{loop}이 없고, 그래프 흐름 상 뒤로 돌아가지 않고 모든 모드가 한 방향으로 향하고 있음을 의미한다. 우지 워크플로우는 콘트롤 플로우 노드^{control flow node} 또는 액션 노드^{action node}를 포함한다.

- 콘트롤 플로우 노드^{control flow node}: 워크 플로우의 시작, 끝, 실패 노드를 정의하거나 결정, 포크, 조인 노드와 같은 워크플로우 실행 경로를 통제한다.
- 액션 노드^{action node}: 맵리듀스, 하둡 파일시스템, 하이브, Pig, 자바, 셸, 이메일, 우지의 하위 워크 플로우과 같은 데이터 처리를 하는 핵심 액션 작업을 정의한다. 확장 기능을 개발해 액션 타입을 추가할 수도 있다.

우지는 확장 가능하고 신뢰성이 높은 시스템이다. 우지는 워크플로우가 실행하도록 매개변수를 받을 수 있고, 워크플로우가 자동으로 실행되도록 스케줄링할 수 있다. 따라서, 우지는 경량 데이터 통합 또는 유지보수 작업에 매우 적절하다.

Hue는 우지 편집기를 통해 우지에 매우 친밀하고 강력한 기능을 제공한다. Hue에서 하이브 액션의 우지 워크플로우를 생성하고 실행하는 것은 다음 단계만큼 간단하다.

1. Hue에 로그인 후 상위 메뉴 바에서 Workflows > Editors > Workflows를 선택해 Workflow Manager를 실행한다.
2. 워크플로우를 생성하기 위해 Create 버튼을 클릭한다.
3. 워크플로우에 이름을 명세하고 저장한다.
4. 워크플로우를 저장하면, 우지 편집기 창이 다음 설정을 하기 위해 실행된다.

5. 시작 노드와 마지막 노드 중간에 하이브 액션을 드래그한다.

6. Edit Node 메뉴를 펼쳐보면 다음 설정이 있다. 다음과 같은 설정을 제공한다.

   ○ Name: 적당한 액션 이름을 제공한다.

   ○ Description: 작업을 설명하며, 옵션이다.

   ○ Advanced: SLA 모니터링에 대한 내용이며, 옵션이다.

   ○ Script name: 하이브 액션을 위해 HDFS에서 HQL 스크립트를 선택한다.

   ○ Prepare: 스크립트를 실행하기 전에 파일 삭제 또는 폴더 생성과 같은 액션을 정의한다.

   ○ Parameters: 작업을 실행할 때, 사용할 매개변수(${date}과 같다)를 정의한다. 옵션이다.

   ○ Job properties: 하둡/하이브 속성을 저장하며, 옵션이다.

   ○ Files: 스크립트에 필요한 파일을 선택하며, 옵션이다.

   ○ Archives: UDF JAR와 같은 아카이브 파일을 선택하며, 옵션이다.

   ○ Job XML: HDFS에서 하이브 클러스터의 hive-site.xml의 복사본을 선택해서 우지가 하이브 메타 저장소에 연결할 수 있게 한다.

7. Edit Node 메뉴에서 Done을 클릭하고, Workflow Editor 화면에서 Save 버튼을 클릭한다.

8. 워크플로우를 실행하기 위해 Submit 버튼을 클릭한다. 그리고 우지 워크플로우는 하이브 액션을 성공적으로 실행한다.

하이브 로드맵

마지막 절에서는 하이브의 배포 마일스톤의 주요 부분을 정리하고, 가까운 미래에 큰 성장이 기대되는 하이브 커뮤니티에 앞으로 요구되는 기능을 다음과 같이 요약했다.

- 2011년 12월: 하이브 0.8.0

  - Bitmap 인덱스 추가

  - TIMESTAMP 데이터 타입 추가

  - 플러그인의 개발과 플러그인 테스트를 쉽게 할 수 있는 하이브 플러그인 디벨롭퍼 킷 추가

  - 개선된 JDBC 드라이버와 버그 수정

- 2012년 4월: 하이브 0.9.0

  - CREATE OR REPLACE VIEW 문 추가

  - NOT IN과 NOT LIKE 기능 추가

  - BETWEEN과 NULL의 안전한 항등 연산자 추가

  - printf(), sort_array(), concat_ws() 함수 추가

  - 키 칼럼에 대해 하이브에서 HBase로의 필터 푸시 다운^{filter push-down} 기능 추가

  - 하나의 맵리듀스 작업의 다중 UNION ALL을 병합하는 기능 추가

  - 하나의 맵리듀스 작업의 동일 키, 동일 데이터의 다중 GROUP BY 문을 병합하는 기능 추가

- 2013년 1월: 하이브 0.10.0

  - CUBE와 ROLLUP 문 추가

  - 얀에 대한 좋은 기능 추가

  - EXPLAIN 문에서 좋은 정보 추가

  - SHOW CREATE TABLE 문 추가

  - Avro 데이터의 읽기/쓰기에 대한 내장 기능 추가

  - 왜곡^{skew} 조인의 개선 추가

  - 맵리듀스 작업 없이 간단 쿼리를 빨리 실행하도록 개선

- 2013년 5월: Stringer 1단계로의 하이브 0.11.0

  - 성능 개선을 위한 ORC 추가

- 분석과 윈도우 기능 추가
- HCatalog를 하이브의 부분으로 추가
- GROUP BY 칼럼 위치 추가
- 데이터 타입을 개선 및 DECIMAL 데이터 타입 추가
- 브로드캐스트와 SMB 조인을 개선
- HiveServer2 구현

- 2013년 10월: Stringer 2단계로의 하이브 0.12.0
  - VARCHAR와 DATE 기능 추가
  - ORDER BY 병렬 기능 추가
  - predicate push-down과 같은 ORC에 대한 개선 추가
  - 상관 관계 최적화 추가
  - STRUCT 타입의 GROUP BY 기능 추가
  - outer lateral view 기능 추가
  - 매퍼에 LIMIT 푸시 다운 기능 추가

- 2014년 4월: Stringer 3(마지막) 단계로의 하이브 0.13.0
  - DECIMAL와 CHAR 데이터 타입 추가
  - 테즈에 동작하는 작업에 대한 기능 추가
  - 벡터화된 쿼리 엔진 추가
  - IN, NOT IN, EXISTS, NOT EXISTS의 서브 쿼리 기능 추가
  - 영구 저장 함수 기능 추가
  - 일반적인 테이블 표현 추가
  - SQL 기반의 인증 추가

- 2014년 11월: Stinger.next 1단계로의 하이브 0.14.0
  - ACID 문맥으로 트랜잭션 추가
  - 비용 기반 옵티마이저CBO, Cost Base Optimizer 추가
  - CREATE TEMPORARY TABLE 문 추가

- CREATE TABLE 문의 STORED AS AVRO 기능 추가

- DROP TABLE 문의 skipTrash 설정 추가

- AccumuloStorageHandle 추가

- 하이브의 테즈 자동 병렬 기능 사용

- 2015년 2월: 하이브 1.0.0

  - 1.x.y 배포 버전 구조로 변경

  - HiveMetaStoreClient를 공개 API로 변경

  - HiveServer1 삭제

  - 테즈 0.5.2 버전으로 변경

- 미래에 적용될 예정

  - LLAP^{Live Long And Process}와 함께 서브 세컨드 쿼리 제공

  - 스파크 위에서 하이브 지원

  - SQL 2011 분석 기능

  - cross-geo 쿼리 기능

  - materialized view 기능

  - YARN과 LLAP 통합을 이용한 워크로드 관리 기능

  - 하이브를 통합 데이터 쿼리 툴로 사용

요약

10장에서는 HBase, Hue, H카탈로그^{HCatalog}, 주키퍼, 우지 같은 다양한 빅데이터 툴을 이용해 하이브를 JDBC 또는 ODBC에 통합할 수 있는 방법을 소개했다. 그런 다음 하이브 0.8.0 버전부터 1.0.0 버전의 주요 배포 내용과 함께 미래 버전에서 기대해볼 수 있는 흥미로운 기능을 살펴봤다. 10장을 충분히 숙지했다면, 엔드투엔드 데이터 인텔리전스 솔루션을 제공하는 하이브와 함께 동작하는 빅데이터 툴의 사용 방법을 이해할 수 있을 것이다.

찾아보기

에이콘출판의 기틀을 마련하신 故 정완재 선생님 (1935-2004)

하이브 핵심정리

하둡 기반 대용량 데이터 저장, 관리의 핵심 솔루션

인 쇄 | 2017년 2월 21일
발 행 | 2017년 2월 28일

지은이 | 다융 두
옮긴이 | 김 용 환

펴낸이 | 권 성 준
편집장 | 황 영 주
편 집 | 나 수 지

에이콘출판주식회사
서울특별시 양천구 국회대로 287 (목동 802-7) 2층 (07967)
전화 02-2653-7600, 팩스 02-2653-0433
www.acornpub.co.kr / editor@acornpub.co.kr

한국어판 ⓒ 에이콘출판주식회사, 2017, Printed in Korea.
ISBN 978-89-6077-979-2
ISBN 978-89-6077-210-6 (세트)
http://www.acornpub.co.kr/book/apache-hive-essentials

이 도서의 국립중앙도서관 출판시도서목록(CIP)은 서지정보유통지원시스템 홈페이지(http://seoji.nl.go.kr)와
국가자료공동목록시스템(http://www.nl.go.kr/kolisnet)에서 이용하실 수 있습니다.(CIP제어번호: CIP2017004015)

책값은 뒤표지에 있습니다.